JN013238

その手があったか！

ポスティング大全

BE Messenger 代表
ポスティング集客アドバイザー
湯本厚志

みらい

はじめに

「今どき、チラシ⁉」は、なぜ正しいのか

ポスティングの急上昇が止まらない！

「今どきポスティング？　チラシを見る人なんているのかな」

「このネットの時代に、古臭いチラシってどうなのよ」

ポスティング事業をやっていると言うと、そんな反応をされることがありま

す。

インスタグラムやＴｉｋＴｏｋなど新しいツールの影に隠れて、古いしくみというイメージが定着しつつあるポスティング。雑誌や書籍、折込広告…紙媒体が低迷しているのは事実で、ポスティング会社の社長の中にも、自嘲気味に自らを〝斜陽産業〟と言うなど諦めムードが漂っているフシがあります。

でも、それはまだ気づいていないだけなのです。実は今、ポスティングが大きく躍進しているということを。チラシは、ネットととても相性のいい媒体だということを…。

日本新聞協会によれば、一般紙の総発行部数は２０２２年末には３０００万部を割って２８００万部まで減少、ここ5年間で１０００万部減っているそうです。また、昨年5月、創刊約百年の『週刊朝日』の休刊が話題になりましたが、その理由は「週刊誌市場の縮小」。紙媒体の低迷ぶりはいっそう深刻化しています。

その一方で、インターネット上の情報量が多すぎて、自社のホームページに情報を載せただけでは、なかなか検索されないといった状況もあります。それだけに、クライアントの方々は、一体どこに広告を出せばモノが売れるのかわからない。混迷している状態にあると言えるでしょう。

そして、迷ったクライアントがいろいろ試して行き着いたところは…。

まさかのチラシを配るとダイレクトセールスにつながる、という事実。それが、ポスティングの飛躍を呼んでいるのです。

そんなことは信じられないという人でも、私の会社の急成長をご覧になれば、信じていただけるのではないでしょうか。

私が広告の世界に飛び込んだのは、20代半ばのことです。それまで、ありとあらゆる仕事をしてきました。

そもそもの始まりは小学校時代。商売をしていた両親の影響もあって、小２ですでに中古のテレビゲームソフトの転売をして小遣い稼ぎをしていました。

大学時代には、学校で携帯電話の代理店網を作って荒稼ぎをしたこともありますが、大学を出てからは、引越し、リフォーム、コンビニから、ホテル、結婚式場、宮内庁（執事）、ソムリエ…起業も含めて転職すること60回以上。こうしてたどり着いたのが、広告だったのです。

広告というものに、私は大きな可能性を感じました。人々の常識をも変えられる広告の力に惹かれてからは、まったくブレることなくポスティング事業で走り続けています。

10年ほど走った２０１６年には、広告ポスティングの株式会社テレポ代表取締役に就任。当時年商２億だった会社を、組織の抜本的な改革や営業に注力し、年商20億まで引き上げました。

そして、２０２２年４月、ポスティングのＦＣ事業を展開する株式会社ＢＥ

Messengerをスタートさせました。創業1期目で年商6億円を突破し、2期目は10億円を超える着地見込みです。

ポスティング急上昇の秘密は、意外なところにありました。

それは、QRコードです！　成功しているチラシには、ほとんど全部にQRコードが付いていたのです。チラシとQRコード、この両者の相性が抜群によかったということです。

例えば、他の広告媒体と比較すると雑誌の広告だと情報が多すぎてQRコードにたどりつけない。折込広告だと購読者が高齢者なので、そもそもQRコードとは、なんなのかわかっていない方が多い。ラジオだと音声ゆえにQRコードが出ない。テレビだと表示が消えるのが早すぎて間に合わない――。

唯一ポストに届いた紙媒体のチラシなら、家でゆっくりQRコードからウェブサイトにアクセスして、広告の商品やサービスを検討できるのです。

チラシは、言わば「おウチの中に容易に上がり込める媒体」なのです。そして、家の扉を開ける鍵こそが、QRコードだったというわけです。

このQRコードの活用が、クライアントとポスティングマーケットの急拡大の大きな要因でした。

実践している自分さえ気づいていないのですから、当然、競合はいません。知らないうちにブルーオーシャン状態です。だから、「勝手にブルーオーシャン戦略」と呼んでいます。

ターゲットマーケティングの超効率的ツール

私は、よくビジネス交流会に参加しています。1年で3000人近くの方と名刺交換を行いましたがポスティング会社の人には出会ったことがありません。ポスティングは〝斜陽産業〟という意識があるからでしょうか？　交流会にはたくさんクライアントがいるというのに…。ここでも、勝手にブルーオーシャンになっています。

それはともかく、こういう会に参加されている方々は、意外にマーケティングの概念がないことに驚きます。きちんとステップを踏んでアプローチしていけば、営業につながる可能性が大きいはずなのに。

例えば、不動産業の人が初対面の人に出会って数秒で、「こんないい家があるんですけど、いかがですか」と営業しても、警戒されるだけです。

せめて「あぁ、もうかってらっしゃるんですね」「素晴らしいですね」と言葉を交わして、会話の中で「新居を買われる予定があったりしますか」と聞いてみる。

もし、「引越しを考えていてね…」と返ってきたら、「実は私、不動産を扱っていまして…」という流れが自然です。それなのに、どうも最初のマーケティングを飛ばす傾向があるようです。

私の場合なら、まずは「集客やスタッフ募集でお困りではありませんか?」「興味はありますか?」とマーケティングをして、「興味がある」と答えた人にだけ説明をするわけです。そうしないと、いくら声をかけても無駄ばかり多くなって、効率がよくないからです。

マーケティングをした上で、可能性のあるところにターゲットを絞ってアプローチをする。効率的に結果を出すためには、このターゲット戦略は欠かせません。

このように、狙いを定めたターゲットに、効率的かつ確実に企業からのメッセージを届ける最強のツールが、実はポスティングによるチラシ戦略なのです。極小エリアでも、小ロットでも、特定業種でもさまざまにカスタマイズできる利便性もあって、個人事業主や中小企業はもちろん、大手企業からも継続的に採用され続けています。

ポスティングは今、間違いなく伸びています。そして、まだまだ多様に展開していく可能性を秘めています。

私は、広告の力が社会を変えられると信じています。ポスティングによるチラシビジネスを広げることで、日本の隅々まで迅速に情報が行き渡る情報インフラを作っていきたいと思っています。

そして、情報がないから、知らない・わからないから、知る手段がないから……という理由で、困難や辛苦、不安、危険などに直面し、補助や援助を受けることもできない。そんな情報弱者をなくしたいという思いをずっと抱いています。

それが、やがては戦争や飢餓のない世の中、すべての生命が調和する時代を作ることになると信じています。

古いけれど新しいチラシの魅力、大きな可能性を秘めたポスティングの力を、たくさんの方々に知っていただきたい。そんな思いから、この本を出版しました。

特に、集客や採用にお悩みの企業の経営者、担当者の皆さまには、もっともっとチラシの可能性を活用していただきたい。また、ポスティングビジネスへの参入をお考えの皆さまには、これまで私が培ってきたポスティング事業成功のノウハウを共有し、どんどん横展開していっていただけたら嬉しいです。

目次

第2章

QRコード×チラシで超効率的マーケティングを可能にする

第3章

これがポスティングマーケティングのノウハウだ

第4章

湯本流
新時代のポスティング活用法

第5章

ポスティングをコミュニケーションビジネスにする

終章

自宅ガレージから始められるポスティング事業

第1章

ネット時代のポスティングがかなえる未来

大きくふくらんだストックが生む、リピート率98％！

「リピート率98％‼」

まるで広告のキャッチコピーそのものですが、わが社のセールスポイントとも言えるこの数字、やはり胸を張ってもいいだろうと書いてみました。

1回ポスティングを行って、その反響がよければ「その次も」、また「その次も」と、どんどんリピートしてもらえます。クライアントの100％近くがリピートしてくれるということは、それだけ反響もよく、顧客満足度が高いということです。

他のポスティング会社のリピート率が40～60％くらい、ということを考えれば、圧倒的に好反響だと言ってもよいでしょう。

ただし、この数字には私のこだわりが見え隠れしています。というよりもむしろ私の特長がはっきりと数字になって現れていると言った方がいいでしょう。

その特長というのは、ズバリ〝あきらめない〟ことです。

1回ポスティングをして、反響が思ったほどでもなかったら、またやってみる。さらに、うまくいかなかったとしても、あきらめずにもう1回…。

「うーむ。もっと女性からの反響が欲しいよね。淡い色にして、もう1回やろう」

「思ったより反響がよくないなぁ。〝今だけ〟の限定感をもっと強調した方がいいな。こっちの案でやってみよう」

「ずっと天気がよくて、出かける人が多かったからなあ。来週も配るぞ！」

反響を受けて、すぐに検討。そして、手を替え品を替え、トライ&エラーを繰り返します。「このくらいなら、十分な反応なのでは？」などという妥協は、ここにはありません。妥協したら、そこまで。それ以上の何かがあったら…と思うと、どうしてもあきらめが悪くなります。

その会社、サービスにとって効果の高いチラシはどんなものか？　最良のサイズはどのくらい？　最良の紙の厚さはどうか？　どんな文言が最も伝わりやすいか？　文字はどんな感じが最もウケがいいか？　いいと思っているけど、本当にそうなの？　ターゲットの多い地域やマンションは？　等々ずっと考えます。反響があって「よし、これならイケる！」という手応えをつかむまでは、何度でもあきらめずに、答えを探し続けるのです。

トライ&エラーを重ねて、最良のパターンを見つける。「これならイケる」とわかったら、そのパターンは繰り返し使えることになります。だから、とにかく「イケる！」を見つけるまで、あきらめず食らいついていくことに意味があるのです。

以前、クライアントから「反響が出ない」と文句を言われ、何度も食らいついた挙句、最後は「ウチの会社の予算でやるので、無料でいいからやらせてください」と、それでもトライを続けたこともありました。

そんなあきらめの悪さが、実は貴重なマーケティングになっていくわけです。

例えば、今も求人広告の依頼を多くいただきますが、求人はもともと激しく食らいついたもののひとつです。

それこそ、サイズはA4、A5、B4、B5、それにはがきサイズまで、すべてやってみました。もちろん両面を使ってみたり、片面だけにしてみたり……。色も、カラーも白黒も試しました。それに、普通紙、変形、横デザイン、イラスト入り…思いつくことは何でも、そして何回でもテストを繰り返しました。

ポスティングスタッフ大募集!!
履歴書不要!!
週払いOK!!
未経験歓迎!!
明日からすぐに　しっかり稼げる!!
シニアワーカーや子育てママさんまで　幅広く活躍中!!!
ひとりで黙々と
頑張るのが得意!!
そんなあなたを待っています!!
お仕事内容
近所のポストにチラシを投函してまわるお仕事です♪
バイク・電動自転車(坂道ラクラク♪)　は お貸出しします!
徒歩もOKです!!
しっかり稼げて、健康にもいい!!と、
50歳〜80歳のシニアワーカー、主婦 も活躍しています!!
給与例
1日4時間 x10日　自転車配布　月に6万円!!
1日8時間 x20日　バイク配布　月に30万円!!
バイク配布はスゴイ!!
月に50万円稼ぐプロもいる!?
給与形態
配布したチラシの枚数分だけお給料が発生する出来高制です!!
スキマ時間で無理せず働くも良し!　ガッツリ稼ぐも良し!!
まずはお気軽にお電話ください!!
サンクスポート蒲田店
TEL 080-4595-9644
店長:染井
〒146-0083 東京都大田区千鳥1-9-1 103号
㈱ジオバンク　サンクスポート蒲田店
簡単1分!
応募ページ!!
WEB応募も
24時間受付中です!!

BE Messenger 社のスタッフ募集チラシ。サイズ、紙質、色、デザインなどの試行錯誤を繰り返し、テストを重ねた結果手に入れた最終形態。「究極のスタッフ募集チラシ」である。

こうして、ようやく「一番反響が出るのはこれ」という答えが手に入りました。最終形態が決まったのです。これを繰り返し使っていくことになりますが、このカタチは今も自社のスタッフ募集などでも活かされています。

何度も食らいつきながら得られたノウハウは、次は横展開をすることができます。次から次へと繰り返され、転がっていく雪ダルマのようにどんどん大きくなりながら、ストックされていくのです。

それが、現在のリピート率98％を生んでいます。はじめから98％なのではなく、あきらめの悪さで到達した数字、というわけです。

マーケティング理論など勉強していない私がんなやり方でやってこられたのは、ただただ素人目線で、AとB、どっちが結果が出るか？　というABテストを繰り返してきた結果なのです。

目の前にたくさん扉があるけれど、どの扉が成功のドアなのか正直わからない。それで、片っ端から全部開けてみていった――。こんなイメージです。

幸いポスティングは、このやり方によく合っていました。

というのも、チラシは結果がわかりやすい。勝ち負けがすぐに出ますから、計測しやすいのです。「チラシの賞味期限は2週間」と、いつも言っていますが、3日〜2週間で反響の良し悪しがわかります。

チラシは、スピードが勝負です。パッと印刷すればよいので、制作に時間がかからない。「明日から稼げる」ということもよく言っているのですが、それはちょっと極端だとしても、とにかくスピード感が半端ないです。他のマーケティング手法とは、大きく違うところだと思います。

そして、そのスピード感が〝今〟という時代にぴったりとマッチしたのでしょう。今は結果が早く求められる時代ですから…。

その点では、テレビ制作、ラジオ制作などは、月単位とかでやっていますから、広告の成果もなかなかわかりにくいのです。

スピード感あふれるポスティングの場合は、１週間程度で完成し、すぐさまプロモーション活動に入れます。

ただし、制作されたものは繰り返し使われることになります。いわば、チラシという名の消耗品で、リピートされるものなのです。

そんな意味でも、結果の出たチラシはリピート率が１００％近いというわけです。

期待の紙媒体、ポスティングの未来

前述のとおり、日本新聞協会が昨年末に公表したデータでは、一般紙の総発行部数は３０００万部を割り込んで、２８００万部まで落ち込んでいます。それも、ここ最近の5年間では１０００万部減。平均して毎年ほぼ２００万部ずつ部数を減らしていることになります。

このまま行くと、いわゆる新聞紙は姿を消してしまって、新聞と言えば、電子版だけ…などということになってしまうのでしょうか。

雑誌や書籍など他の紙媒体においても、発行部数の低下は避けられず、同じような状況が続いています。


そんな中、前にも書いた通り、ポスティングは非常に堅調な状況にあります。わが社の売上は前年比170％の伸びを見せていますし、ポスティング市場は、30年連続で毎年5～20％の成長を続けていて、紙媒体で唯一と言っていいほど成長市場となっています。

日本国内では、今や8割近い人がスマホを使っている時代。紙媒体も新聞電子版、電子書籍などへの移行が進む一方で、ポスティングの好調さの裏側には、先に触れた通り、ＱＲコードの活用があることは見逃せません。

今後、よりいっそう紙媒体の魅力を生かしていくには、一見相反するようなデジタル技術の活用や、デジタル・コンテンツとの連携なども非常に有効なことだと思います。

例えば、私が今、注目しているのはゲームアプリやマンガアプリなどとの連携です。

私の中ではすでに、年内くらいには日本中のポストが、ゲームアプリとマンガアプリのチラシであふれている。そんなイメージができあがっています。

特にゲームアプリ、マンガアプリは、新しくて魅力的なものが次から次へと作られています。でも、すごくいいアプリを作ったのはいいけれど、どこで紹介したらいいのかわからない。また、使ってみたくてもどこでダウンロードしたらいいのかわからない。

そもそもアプリというのはパーソナルなものだからか、口コミで広がるということが少ない気がします。

「このアプリ、すげぇいいよ」

「いやぁ、この前出たばかりのヤツ、神アプリらしいよ」

などという会話を聞くことは、あまりないようです。いいものができても放ったらかしで、下手をすると埋もれてしまっています。あまりに種類が多すぎて、探す方も、探される方も迷子になっているとしたら、もったいないことです。

そんなところへ、アプリのダウンロードのチラシを配ったら、ダウンロード数がすごく伸びるのは間違いない。紙のチラシを見て、アプリのダウンロードを行う…ちょっと想像しにくいかもしれません。これも、意外に盲点ではないでしょうか。

これまでにもフードデリバリーのアプリではポスティングで年間180万人の会員を作った実績があり、あらゆるスマホアプリのダウンロード数を伸ばすことにも使えるということもわかっています。

日本のポストが、ゲームアプリや、マンガアプリのチラシであふれる…という私のイメージも、意外に早く実現できる気がしています。

もちろん、医療アプリや健康アプリ、他にもいろいろなよいアプリが既にでてきています。また、SNSなどとの連携も進んでいます。チラシはたかが紙媒体ではなく、活用の仕方しだいでもっと大きく伸びる可能性がまだまだあるのです。

ネットの時代だからこそ、紙の面白さも増すことになるのではないでしょうか。

日本の文化、ポスティングは世界に広がる

〝ポスティング〟という言葉だけを聞くと、チラシをポスト（郵便受け）に届け

て宣伝をするなんて現代ならでは…という気がしますが、その歴史は意外と古いことに驚かされます。

というのも、一般に日本の広告チラシのルーツとされているのが、伊勢松阪の豪商、三井高利が江戸で開業したばかりの呉服店「越後屋（現在の三越）」が発行したもの。17世紀後半の話です。

越後屋は、「現金掛け値なし」（現金定価販売）、「店前売り」（たなさきうり＝店頭販売）、「仕立売り」（いわゆるイージーオーダー）をはじめ、当時としては画期的な商法を次々と繰り出し、爆発的な人気を呼んだそうです。

そんな越後屋の販売促進にひと役買ったのが、当時「引き札」と呼ばれたチラシだったのです。客を引く札だから、引き札——。なるほど、言い得て妙な呼び名だったかもしれません。

越後屋は、この引き札でユニークな商法をアピールし、江戸十里四方の住宅に配布、たくさんのお客を引いて大繁盛をしたということなのでしょう。

引き札は、江戸時代は木版印刷で作られていました。明治時代になると、銅板印刷や石版印刷など印刷技術も進化。それにつれて色鮮やかで華やかなものが多くなりました。もしかしたら、財布ならぬフトコロにそっと保存しておきたくなるようなものも、少なからずあったのではないでしょうか。

当時、広告・ポスティング業者は「広め屋」と言われていたそうです。情報やお知らせを広めるから広め屋。まさに、ポスティングの役割といえるでしょう。今では懐かしい「チンドン屋」も、このカテゴリーに入ります。

ところで、引き札という呼び名は、大正時代の初期まで使われていましたが、その後、大阪などで使われていた「チラシ」という呼び名が主流になったようです。

街頭でまき散らしたことから「チラシ」とか。今では、無作為にまき散らすことはなく、きちんとポストに届けても、ご存知の通り、チラシはチラシです。

チラシのルーツを簡単にたどってみましたが、木版刷りのチラシなどというのも面白そうです。スピード感はさておき、浮世絵風のチラシを作ったら、案外シャレたものができるかもしれません。欧米だったら、コレクションの対象になってしまいそうですね。

日本的なデザインのチラシというのは、ちょっと興味があります。ただ、自分はずっと日本で生きてきて仕事もしているわけですが、日本的って何？　と考えると、なかなか正解を見つけるのは難しい気がします。

もっとも、もしかしたら何より日本的なのは、デザインがどうとかいうよりも、チラシを作って各家庭に配る…ポスティングのシステムそのものかもしれません。

私は今、海外でポスティング事業を展開するプランに夢中になっています。早くやりたくて、かなり前のめりになっています。

東南アジアを中心に、すでに何か国か視察もしました。ポスティング事業そのものは、海外で確認できませんでした。私が見かけたチラシは、ほとんど街頭配布でした。

集合住宅はたくさんありましたが、そもそもポストがなかったり、入り口には警備の人がいますし、いろいろクリアすべき問題は多いと思います。

でも、日本にあってその国にないもの、またその国にあるけど日本にはないもの、そういうものを取り入れ合えたらいい。そんなローカルとローカルをつないでいけるような仕事がしたい。とにかく、今は早くチャレンジしたい衝動が抑えきれない感じです。

特に、日本で江戸の昔から時空を超えて続いてきたものが今、海を越えて広がっていくということに、とてもワクワクしています。

大手企業も見落としていた明日から稼げるポスティング

「やっぱり一度にたくさんの人に知ってもらうなら、テレビのCMでしょ？」

「チラシをいくら配ったって、地域も数も限られているし、テレビやネットにはかなわないのでは」

そんな風に思われている方も多いことでしょう。それは、まさにおっしゃる通りで、何も反論する気などありません。

そもそも、ポスティングにとって、テレビも、ラジオも、新聞も、雑誌も、ネットの広告も、はじめから敵だとはまったく考えていません。

というより、むしろクロスメディアのメニューの一部として、一緒に入れてもらえたらいい、と思っています。

クロスメディアというのは、ご存知の方も多いと思いますが、ひとつの商品やサービスをいくつかの媒体を使って広告・宣伝活動をすることです。

それぞれの媒体の強みを生かし、うまく組み合わせて宣伝をすることで、効果は1＋1＝2にとどまらず、相乗効果が生じて、答えが3にも、5にも、10にもなり得る可能性を秘めているのです。

例えば、テレビのCMで何度か見かけた商品が気になっていたとしましょう。でも、名前がはっきり思い出せないし、「どこの商品だったかしら…」とぼんやりとした記憶の中で、いつの間にか忘れてしまっていた。

1週間くらい経った頃、たまたまその商品のチラシを手にしたことから、「そう。これこれ、気になっていたんだ」と、内容を検討してウェブでポチッとした。

そんな流れが、日常的に起こり得るわけです。

これは、マスメディアのテレビと、アナログなメディアのチラシが、うまくクロスしたということです。

こんなに相性がいいのに、例えば、大手企業が大きなキャンペーンを行う、となったとき、クロスメディアはわかっていても、おそらくチラシという選択肢はないでしょう。

マスメディアを使って広めるながら、その一方で、ダイレクトセールスに効くのはチラシだということは見落とされがちです。本当にもったいないことだと思います。

ところで、先にテレビ、ラジオ、新聞、雑誌などは敵だと思っていないと書きましたが、それは、もともとポスティングとは役割が違うメディアだからです。

テレビなどのようなマスメディアの広告は、商品やサービスの認知度を上げる、ということが最大の役割といえます。

でも、そのＣＭを見たからといって、ダイレクトセールスにはあまりつながりません。実際テレビ局の方は、よくこんな風に言っています。

「我々は、認知度を上げることはできるけど、売上は増やせないからね」

そう、これが普通なのです。

一方、例えばポスティングでは、認知度アップという意味ではあまり効果を期待できないものの、すでに認知している商品を意識して店に行ったり、ウェブサイトにアクセスしたりして、ダイレクトに購買行動につながりやすいのが特徴です。

さらに言えば、ポスティングの作業は、哀しいことに住民の方たちから怪しまれることが多いのは否定できません。それでも、テレビのＣＭでよく見かける商品のチラシということだと、それだけで信頼感が上がります。そのおかげで、ポスティングがしやすくなるのも事実です。

それはそうです。ＣＭでも見たことがないような、何が何だかわからないサービスのチラシを、どこの会社かわからない人間が配っている…少なからず警戒感をもたれても仕方のないこと。やはり認知されているもののチラシの方が、確実に効果があります。

クロスメディアというのは、このテレビとチラシという風に役割の違うメディアを組み合わせることで効果が生まれるのです。

限られた時間内に詳細を伝えるのが難しいテレビやラジオのＣＭが、「〇〇〇で検索を」とか「明日の折込広告で」とか加えているのも、他のメディアとクロスさせていることになります。

ただし、認知度を上げるメディア×認知度を上げるメディアを組み合わせても、同じ土俵というか、チャンネルを変えているだけで、クロスメディアとしての効果はあまり上がらないはずです。

そんなメディアの役割の違いを、ちょっと視点を変えて見てみましょう。

ある商品を買ってもらえるかもしれない見込み客には、潜在顧客と顕在顧客がありま す。顧客自身がそのニーズにまだ気づいていないのが潜在顧客で、ニーズを自覚している、つまり「買いたい」とか「店に行こうかな」と意識しているのが顕在顧客です。

それぞれの顧客に対して、最も効果のあるアプローチ法というのは違ってきて当然です。

潜在顧客に対して有効なのは、例えばデジタルで言えば、ＴｉｋＴｏｋ。アナログで言ったら、ポスティングです。

また、顕在顧客、特にすでに会社や店などの顧客リストに名を連ねているようなケースでは、デジタルならＬＩＮＥ、アナログならＤＭ（ダイレクトメール）が有効です。

クロスメディアにするなら、ＬＩＮＥとポスティングを組み合わせるというのが、かなり相性がいいと思います。チラシで潜在顧客を掘り起こし、ＬＩＮＥ

で直接購買につなげる。このクロスは何度もテスト済みで、よい結果を得ています。

おそらく、ＴｉｋＴｏｋとＤＭも相性がいいと思います。メディアの役割の違いをわかっていれば、どこと相性がいいのか、手を組める相手はどこか…ということも、わかってくるものです。

でも、そんなシンプルなことが、ポスティング会社も広告会社も、まだよくわかっていない。こんなところでも、見落とされていることがまだまだありそうです。

映画の主人公にもなれるポスティングを目指そう

唐突ですみませんが、今から20数年前に『メッセンジャー』という映画がありました。元ＳＭＡＰの草彅剛主演で、自転車で書類などを配達するメッセンジャーたちの話です。

バイク便とのレース対決など、興味を引かれたところもいろいろあるのですが、私にとってはメッセンジャーたちがポスティングの配布スタッフとどうしても重なってしまうところもありました。それだけに、つい思い入れが強くなってしまったものです。

時おり私の脳内スクリーンに、ポスティングをする主人公の物語が映し出されることがあるのです。そして、いつかこんな映画を作ってみたいなぁと思っています。


就活を頑張っているけれど、片っ端から面接で不採用になって落ち込む主人公。たまたまポストに入っていたスタッフ募集のチラシを見つけて、「ポスティングかあ、やってみるか」と働き始めました。

簡単そうに見えたポスティングの仕事も、いざ始めてみると暑いし、寒いし、ツラいし、重いし…。この日も、配布先のマンションの管理人には怒られ、肩を落として外に出ると、土砂降りの雨が降っています。

「何だよぉ、何で俺ばっかり、こんな目に遭うんだ」と、その場に崩れるように座り込み、しばし立ち上がれない主人公がいました。

ぼんやりと街の景色を眺めながら、一体どのくらいそうしていたでしょう。

彼は急に立ち上がると、「負けてたまるか！」とピザのチラシを手に、雨が降る街に飛び出していきます。

そして、あるマンションに到着。手にしていたチラシをポストに配ると、今日の仕事は終了。ホッとして帰路につきました。

数時間後、そのマンションの一室では、小さな子供たちと夫婦がテレビを見ながら、休日のひとときを過ごしていました。

ピンポーン、ピンポーン♪

「あ、来た来た」

と大喜びの子供たち。

お父さんがピザを手に部屋に戻ってくると、さっそく皆で楽しく食卓を囲むのでした。

雨のため、子連れの買い物がためらわれていた矢先のチラシとの遭遇に、ホッと胸をなで下ろした若い夫婦。子供たちの楽しそうな笑顔を見ながら、明るく言葉を交わしました。

「あぁ、よかった。チラシを見つけてラッキーだったね」

「雨で買い物に行けなかったけれど、助かったぁ」

平凡だけれど幸せで穏やかな家族団らんの風景が、そこにありました。

つい長くなってしまいましたが――。

ポストに入れた一枚のチラシの先には、実はいろいろなドラマがあります。

チラシの先には、人々の暮らしがある。そのチラシを届ける人々にも、さまざまな暮らしがある。ポスティングは、チラシを介して人と人をつなげる仕事なのだと感じることがよくあります。

不動産関係のチラシをポスティングすることも多いのですが、一枚のチラシの向こうに、本当に悲喜こもごものドラマがあります。

家の売買、特に破産した家の競売物件など、任意売却できる期限が迫って、すぐに売却しないといけない、というケースもあります。

そういう不動産を、絶対今月中に売らないといけない人がいる。愛着をもって住んでいた家を手離さなければいけない人がいる。そういう人たちのドラマがあるのです。

街のどこかで古い家が取り壊され、やがて新しい家に建て替わります。チラシはそんな街の新陳代謝をも促している、と言えるかもしれません。

ポストの先にドラマがあるということ、ドラマの中の人たちとつながっていること。それが家の中に入り込める媒体の面白さだとも思っています。

第2章

QRコード×チラシで超効率的マーケティングを可能にする

一枚のチラシに思いを込める

ポスティング事業を展開する私の会社には、『BE Messenger』という名前をつけました。これには、ふたつの意味があります。すなわち、

「メッセンジャーになれ」

「あり方を伝える」

ということです。

〝メッセンジャー〟は、もちろん人々のメッセージや品物を届ける人のことです。まさに、ポスティングの仕事そのものですが、チラシに託された大事なメッセージを、まっすぐに真摯に確実に、受け取るべき人のところへ届ける…という使命を担っています。

チラシの先には、人々の暮らしがある…と、前章で書きましたが、そこで生活する人々にとっての有益な情報を届けているのです。

それは、チラシの語源とされる〝まき散らす〟のではなく、エリア内にただ配るということでもなく、ターゲットに届ける人であってほしいという気持ちを込めました。

そして、仕事の仕方、仕事との向き合い方から、それぞれの生き方まで、その〝あり方を伝える〟仕事…私は、ポスティング事業というのは、教育事業だと思っています。

最初のうちは怪しまれることもありがちなポスティングですが、スタッフはユニフォームを着用、名刺持参に加えて、あいさつなどマナーを身につけています。

チラシはポストに無理やり押し込んだりせずに、丁寧に落とし込む…等、仕事への向かい方だけでなく、ちょっとしたふるまいからも人としての〝あり方〟が伝わってくると思っています。

それに、思いが込められたものをぞんざいに扱うようなことは、人としてのあり方が問われることになります。人と人をつないでいる仕事だからこそ、どこで、どんな人に見られているかもわかりません。

チラシに込められたメッセージや思いを人々に伝えながら、自分自身もいろいろなことを学んでいきたい。そんな思いも抱いています。

前章でも少し触れましたが、今一番やる気になっている海外展開でも、日本人の仕事への向き合い方、特に日本人の勤勉さなどを伝えていきたい。そういうことが根底にあって、とてもワクワク、ソワソワしている感じです。

もちろん、海外のよいところ、学ぶべきところはたくさん受け取って、自分たちのあり方に活かしていかないといけません。人と人をつなぐ仕事だからこその醍醐味かもしれません。

お財布滞在率にもつながるチラシサイズの決め方

不動産からデリバリー、エステやジム、求人、ブランド品や着物などの買取り、水回りの修理、新規オープン…あなたの家のポストに入っているチラシをちょっと思い浮かべただけでも、まだまだ出てくるのではないでしょうか。ひと口にチラシといっても、本当に種類はさまざまです。

チラシに掲載されている内容に負けず劣らず、見た目もまた多種多彩。大きさも違えば、形、デザイン、色、紙の厚さも質もいろいろです。

前項でもお伝えしたように、チラシには伝えたいメッセージ、届けたい思いが込められています。

チラシを眺めていると、クライアントや商品、サービスならではの特長が見えたり、時にいろいろな思いまでもが伝わってくるようで、興味をそそられます。

チラシにとって、まずサイズ感というものが重要です。

たかが大きさ…ポストからはみ出すほど大きい、小さすぎて読みにくいとかいうことでなければ、普通は「大差ないのでは？」という気もしてしまいますが、意外にそうでもないのです。

サイズは、チラシを手に取ったとき、いえ、それより前、ポストの中に見つけた瞬間の印象を左右することもあります。第一印象がよくないと、そのままゴミ箱行き…ということにつながりますから、かなり大事な要素といえます。

例えば、はがきサイズのように見覚えのあるサイズ感には、どうやらチラシの信用力が隠されているようだと、私は思っています。

特に、はがきサイズの場合はちょっと厚めの紙にすると、他のチラシよりも信用度がぐんと上がって、家の中まで持って帰る率が高くなります。大事なお知らせ的なイメージが加わって、捨て難い雰囲気が出てくるのでしょうか。

たまに、チラシを幾重にも折って財布に入れていたり、手帳に挟んだりしている人を見かけます。その人にとってメモ代わり、あるいは必携品になっているわけですから、単なるチラシに留まらない有益な情報になっているわけですね。

このようにいい情報だと思えば、わざわざ折ってでも携帯したくなるわけです。ということは、適切なサイズにすれば、長く持っていてもらえることにもつながります。

財布に収まりやすいということなら、やはり名刺サイズでしょう。見覚えのあるサイズ感という点では、はがきサイズと同様ですが、手軽でなじみやすく、飲食店、特にクーポン券とは相性抜群です。

例えば、あるファーストフード店の、名刺サイズのクーポンをタテに3枚連ねた形のチラシはよくできているな、と感心させられます。

財布に収まりやすいサイズで、割引などメリットがあるから、ふだん財布に入

名刺サイズのチラシは、手軽でなじみやすく、飲食店、特にクーポン券とは相性抜群。「山田の鰻」のように全品500円割引のクーポン付なら、お財布滞在率も抜群！

れておいて、必要なときに出して使う…財布滞在率は文句なしです。

ただし飲食店以外では、名刺サイズは注意が必要です。特に薄めの紙のものは、どうしてもピンクチラシのイメージが強い。このサイズにして、反響がガタっと落ちたというケースもあります。

いかがわしいもののサイズ、という印象もあるため、ほとんど目を通すこともなく捨てられるリスクもあります。信用と不信が紙一重…というのが、ちょっと不思議です。

私の経験から言うと、通販の名刺サイズはNG。飲食店のようにリアル店舗があるところなら、ちょっと厚めの紙の名刺サイズが反響率を上げます。逆にA4サイズの大きい紙を飲食店まで持って行かないですよね？　なので、「お財布滞在率」という概念が重要なわけです。

チラシとはちょっと違いますが、行政の窓口に置いてあったり、手渡されたりする案内、お知らせの類は、なぜかA4タテ、文字多めのプリントと相場が決まっています。

その流れか、電気、ガス、通信会社など公共性の高い業種のチラシは、同じように普通紙、A4タテの行政っぽいものを使うと信用度が高いようです。

また、病院や接骨院、鍼灸院など医療・治療系は、A4三つ折りの短冊サイズが一般的です。理由はよくわかりませんが、慣例でこのサイズにしてきているところが多く、信用度が高いといえるし、手に取る方は何となく安心感があるのかもしれません。

従来の商業チラシにB4やB5サイズが多かったのは、新聞紙に入るサイズのB4がベースになっているからです。慣例的にB4の広告を選択される方がいますが、業種によって反響が出やすい最適なサイズがあり、チラシの反響はさまざま。「これ！」というのを見つける作業は、奥が深いのです。

キーワードは「○○っぽい」

「行政っぽい」「病院っぽい」、あるいは「求人広告っぽい」…この「○○っぽい」というのが、チラシのデザインを決めるときには、とても重要です。

それは、「○○っぽさ」が、チラシの印象付けに大きくモノを言うからです。

前項のサイズ感と重なるところもありますが、パッと目にしたときの印象は、デザインも、カラーも、形も、大きさも…目に入ってくる情報すべてが絡み合って作り出されるもの。受け取る人によってそれらの情報の取捨選択があり、さらに、その人の経験や感性なども加わって、人それぞれに微妙に違ってきます。

それだけに、すべての人に同じ印象を与えるようにカスタマイズすることなどとても不可能です。少しでも多くの人に響いて手に取ってもらい、玄関を通過していくためには、人々が共通に抱きやすいイメージが決め手になるわけです。

サイズなら、はがきサイズが比較的信用されやすいと書きましたが、デザイン的にも「見覚えがある」「なじみがある」というのが、共通の信頼感、安心感につながるようです。


だから、結果がでるのは「〇〇っぽい」ものなのです。目にした瞬間にもう理屈ではなく、脳の中でリンクする感じと言ったらよいでしょうか。

当然のことながら、効率という意味では、できるだけたくさんの人が共通にもっているイメージを探っていくことが大切になってきます。


わかりやすい例を挙げると、安いものは安く見えないと信用されない。いわゆる「安っぽく」ないと信用に関わるようです…。

それこそザラ紙に、手書きの赤い文字で「赤字覚悟!! 98円」みたいなものが、反響があるのです。ザラ紙に、安そうな感じで「安売り」と印刷してあれば、ほとんどの人が「安いだろうなぁ」と思います。

でも、良質な厚めの紙にカラーで「安売り」といくら書いても、安い感じがしない。反射的に「ダマされそう」と感じる。下手すると、「これって、オトリ広告なんじゃないの?」と思われてしまいます。

多くの人が一瞬でそういう思考をもつ。信用する、しないの判断は一瞬なのです。家の玄関を通過できるか、ゴミ箱行きかの行く末も、だいたい瞬時に決まってしまいます。

だから、サイズ、厚さ、紙質、カラー、印刷手法…などは、とても大事です。

ただし、チラシでアピールしたいサービスや商品、業種によって、人々の共通イメージをベースに考えていく必要があります。

フードランド レオ 誉田店のB5判ヨコのチラシ。チラシのデザインで重要なポイントは「○○っぽさ」。スーパーのチラシなら、ザラ紙に一色印刷が、いかにも安さを演出する。

前章でお伝えしたように、「これならイケる！」という反響が出るまで食らいつくべき大事なポイントと言えます。

これは、ただ考えていてもわかりません。とにかく、いろいろ試してみる以外に最強のマーケティング方法はないのです。

そういえば、ポスティングとはちょっと違いますが、いろいろな支払いの督促状は、赤い色付きのものが効果があります。特に債権未回収が起きたときに、赤い封筒で送ると回収率がハネ上がるとか。赤という色が、恐怖感というか、緊迫感のようなものを煽って、行動を促すのかもしれません。

「赤紙」と呼ばれた、戦時中の「召集令状」のイメージがどこかにあるのか、ないのか。怖さや緊張などで、心がザワつくのは間違いなさそうです。

デザインというか、チラシそのものの形に関しては、凝ったものを作ってみても、あまり反響の良し悪しには関係ないようです。

クルマの形にしたり、キャラクターのイラストをかたどって制作してみたりしましたが、あまりよい反響は得られていません。制作側にいくらこだわりがあったとしても、なかなか伝わらないようです。

形ということで唯一反響がよかったのは、花の定期便のもの。花柄の紙のチラシで、正方形の紙でしたが、ちょっとした折り方の工夫で全体が花束のように見えるのがウケました。

大した仕掛けではないし、形というよりは折り方の変化だけ。コストもさほどかからなかったのですが…。まさに。アイデア勝負の世界です。

形を工夫したチラシで好評だった「花の定期便」(写真はサンプル)。正方形の紙を折っただけで花束に見せる仕掛け。チラシはアイデア勝負だ。

スピードと自在さこそが強み

スピードと自在さ（ロット数　配布エリア　予算）。これが、他の広告メディアにはない、ポスティングの強みです。

スピードについては前にもちょっと触れた通り、チラシの制作はほとんど1週間ほどで終わり。すぐにポスティングをして、必要とする人のもとへ届けることができるのです。

そして、何と言ってもポスティングの最大の特長である自在さ。チラシを届ける対象や住宅などを自由に決めることができますから、より詳細なセグメントをベースとしたアプローチができるのです。

丁目はもちろん、マンションごと、一軒家のみ…等々、特定の地域、建物などに限定した配布も可能です。

結果が出なかった時に内容やデザインを変更して、すぐ再配布するという修正が容易です。

こんなことは、テレビやラジオなどの広告では、あり得ないでしょう。それだけポスティングは、小回りがきいて、融通がきくから、自由自在に対応できるということです。

ポスティングが他のメディアとは圧倒的に違うところであり、顧客にとっては非常に使い勝手のよいツールなのです。

マンションごとにセグメントした配布が可能

東京湾岸のウォーターフロントに林立するタワーマンション…都会らしい摩天

楼の光景が広がる一帯は、マーケティング的フィルターを通せば、富裕層密度の最も高いエリアのひとつでしょう。

例えば、そういうエリアやマンションに住む人たちを対象とすれば、そのライフスタイル、価値観、所得の状況、年齢層、家族構成など、ある程度ターゲットを絞ったポスティングが可能になります。

いわゆるセグメント。共通の属性をもったグループのことですが、対象を絞ってグループ分けをすることで、そこにアピールすべき商品やサービスなどが、ある程度明らかになってきます。

私の会社では、マンション単位までセグメントすることができますから、「そういう人がターゲットなら、あそこの〇〇〇マンションがぴったりじゃないですかね」などと、かなり細かなセグメントをベースにポスティングすることが可能です。だから、無駄のない、効率的なポスティングができるのです。

チラシを広範囲に、できるだけ多く配れば、多少は反響が大きくなることもあるかもしれません。でも、その商品のニーズがほとんどあり得ないところにいくらチラシを届けても、意味がないことです。

マンションごとのセグメントということでは、例えば、ペットやペット用品、ペット病院、トリミング…などのチラシは、当然ながら、ペット飼育可のマンションにポスティングするから、反響が期待できるわけです。

リフォームの広告なら、築20年以上のマンションに投函した方がいいし、クルマの広告なら、駐車場付きのマンションに入れた方がいい。特に高級車なら、高級マンションの方がいいでしょう。

引越し屋の広告は、分譲マンションでなく賃貸マンションに入れた方がいい。引越しは時期も重要で、異動の多い3月、9月が勝負になります。

このほかにも、例えば、楽器演奏可のマンション、乾燥室ありのマンション、オートロックのマンション、それにタワーマンション・高級マンション…等々、最もふさわしい届け先が選択できるように、条件ごとのマンションリストを作ってあって、ポスティングのリクエストにお応えできるようにしてあります。

ただし、マンションごとのセグメントが難しいケースもあります。

例えば、男女のセグメント化は難しいです。「女性が多い町」というのが存在しないように、「女性専用マンション」と謳っていない限り、中に住んでいる人は、どちらが多いとか、少ないとかはわかりません。

そういう場合は、広告でセグメントするしかないため、例えば、女性向けなら淡い色のもの。特に淡い桜色とか、薄い水色などにすると、女性の目に止まりやすくなります。

男性向けなら渋めの色、特にネイビーとかブラウンが、効果があります。男性向けには、帰宅時間の少し前、18時くらいに投函するのが効果的かも…と、試したこともありましたが、さほど効果はありませんでした。

そんなわけで、ポスティングでは男女のセグメントは、不可能ということになります。

あるいは、「ワンルームの単身者をターゲットにしたい」などと頼まれることもあるのですが、これもなかなか難しいリクエストといえます。

ワンルームでも、ふたりで住んでいることなど珍しくもないし、ひとりで60平米のところに住んでいる人もいますから、実態を把握するのは容易ではありません。

単身者とは言っても、事情はいろいろです。中に住んでいる人の実態まではわかりようがありません。ですから、「最大限に努力します」ということで、受注することになります。

本来そこから先は、顧客情報のリストを持っているDMの仕事になります。チラシ・ポスティングにはポスティングのカテゴリーがありますし、DMにはDMのカテゴリーがあるのです。

マンション単位までは、ポスティングができますが、部屋番号まで指定すると、DMの仕事になるわけです。

チラシは開封率100%

帰宅したばかりのマンションのエントランスで「今日は疲れたなあ」などと、ホッとひと息ついて、ポストに手を伸ばせば、役所からの封書と何種類かのチラシ。中のものを手に取って、エレベーターに乗り込む。

あるいは、一軒家の門の横で、アパートの外の階段下で、雑居ビルの入り口で……。ポストの中をカラにする、いつもの光景が繰り返されています。ポスティング・チラシも、郵便物と同じくらい、私たちの日常に溶け込んでいるような気がしています。

ポストから取り出されたチラシは、もしかしたら取り出される前、手を伸ばした瞬間から、真っ先に目に入ってきます。郵便の封書やＤＭが一緒にあったとしても、内容が目に入ってくるのは、チラシをおいて他にはありません。

郵便物などは、開封しない限り内容がわからないことは言うまでもありません。その点、チラシなら、すでに開封された状態にあるわけです。

載っている情報が露出しているため、これを取り出すときには瞬間的にでも内容を目にしているはずです。だから、開封率１００％なのです。正確には、既読率１００％とでも言ったらよいでしょうか。

残念ながら、その人にとっては興味のない情報で「こんなチラシ、要らない」と思われてゴミ箱行きになったとしても、情報を〝見た〟からこそ、そう判断したということになるわけですから。

いずれにしろ、他の広告では考えられない、ポスティングのチラシならではの強みと言えるのではないでしょうか。

ＤＭだと開封する必要があります。折込チラシでも、新聞という封筒に入っているようなものです。ましてや、ネットのように検索して自分からサイトにアクセスするというのは、ちょっと次元が違うかもしれません。

ポストから取り出すときに一瞬でも目に触れたチラシの情報が、例えば、エレベーターを待つ間、あるいは玄関に向かいながら、さらに詳しくインプットされたり、興味・関心を引かれていたりすることもあるでしょう。

次章で詳しくお話ししますが、チラシの紙面で最も目につく部分であるチラシの一等地にある魅力的なキャッチやお得な情報などが、さらに「後でじっくり見てみよう」という行動を喚起させることにつながる、というわけです。

マンションのエントランスで、家の門の横で、アパートの集合ポストで、帰宅してホッとした瞬間に、そこにあったチラシの情報が目に入る――。

日常生活のいつも通りのワンシーンに、ごく当たり前に情報が入り込む。一瞬でも、心に留まる。そして、ごく自然に家に上がり込める、というわけです。

ＱＲコードという名の「鍵を配る」

「はじめに」のところで少し触れた通り、チラシにＱＲコードを入れたことが、チラシの新しい時代を開いたと思っています。

「〝新しい時代〟なんて、そんなオーバーな」などと思われる方もいるかもしれませんが、大げさでも何でもなく、そのくらい画期的なことだったのではないでしょうか。

ＱＲコードがなかったら、果たして紙媒体のチラシが生き残れたかどうか……。少なくとも、マーケットはもっともっと小さくなっていたような気がします。

チラシを見た人を、クライアントのウェブサイトへと導くＱＲコード。それは、まるでお客を家へと招き入れる玄関か、あるいはそんな玄関の鍵と言えるでしょう。

クライアントのウェブ上の家、つまりホームページへは、QRコードという鍵を使えば、ダイレクトに中へ入っていくことができます。

ところが、この鍵がないと、なかなかホームにたどり着けない。たどり着いても、お目当てのページに入れない。それに、今は同じようなホームが多すぎて、そもそもどこに行ったらいいのか、どこの玄関口を開けたらいいのか迷ってしまいがちです。

インターネットという限りなく広い空間で、ホームが見つからずに迷子になってしまっている人がたくさんいます。前に、スマホアプリを広めるのにポスティングのチラシを使うと結果が出やすい…というお話をしましたが、QRコードさえあれば、迷うことなく行きたいところへ行けます。

そんな道案内が望まれるくらいに、ネットは情報過多になっているのです。

さらには、どうにも使い勝手の悪いサイトもあります。例えば行政のホームページを見ると、なぜかループしていることがあります。ここをクリック、次をクリック…と手間をかけているわりに、行きたいところに行き着けない。挙句は、気がついたら元に戻っていた、などということもあります。

だから、「いったい申込みページはどこよ」「買いたいのに購入ページがわからない」などというネット迷子の救済には、QRコードはよく効くのです。

今や、オンラインイベントなどもいろいろ行われていますが、そういう場でも、「はい、ここで今、スマホで読み込んでください」などと言うシーンが普通にあります。そこで即、申込み方法に飛ぶ、というようなことになるわけです。

スマホが当たり前の時代だからこそ、今、QRコードの便利さがモノを言うようになりました。このQRコードのメリットをうまく活用したチラシのニーズは、ますます大きくなることでしょう。

チラシとQRコードの組み合わせは最強。その場でスマホから目的のページに迷わず行き着ける。

2023/10/1/Sun. NEW_OPEN
待望のワンちゃんの学校
School of DOG
スクールオブドッグ
この秋、目黒にて開校!!
↓↓こんなお悩みはありませんか？
散歩
のとき言うことを聞いてくれない
トイレ
のしつけ方がわからない
ムダ吠え
をなくしたい
School of DOGにおまかせください！
広々としたドッグラン
10月入校の20名様限定！
トライアル＆入学料0円
3大特典
◎ALL10%OFF ペット用品・フード
◎無料 ドッグラン開放日あり
◎プレゼント 入学バッグセット
まずは無料カウンセリング
お問い合わせ 月-金 9:00-19:00
03-6303-0461

第3章

これが
ポスティング
マーケティングの
ノウハウだ

チラシの賞味期限は2週間

チラシの魅力のひとつはスピード感です。パパッと作って、サッと配って…即結果が出るものなのか。チラシを届けたことで、どの程度の反響があるのか。またどのくらいその反響が継続するのか。非常に気になりませんか？

「反響はありましたか？　問合せはどのくらいありました？」

ポスティングを行ったら、まず1週間ほどでクライアントに聞いています。「反響がない」と言われるのだけは、何としても避けたいところなのですが…。

本来、通常のケースであれば、ポスティングを行ってから3日間くらいが最も反響が出る、と思ってよいでしょう。

ＱＲコードが入っていれば、読み取られた場所、時間、件数がグラフとなってわかるので、状況もある程度分析できます。

そのデータによれば、３日間くらいでアクセス数がぐんと伸び、その後、徐々に数字が落ち着いてきて、２週間ほどでポスティング前のレベルに戻ります。ですから、１回ポスティングを行うと、反響の初速は配布した当日、賞味期限は2週間くらいということになります。数字はウソをつきません。

もちろん、チラシをずっと取っておいて、半年後、１年後に問い合わせる、というケースがないとは言えませんが、データに影響するほどの数ではないはずです。

手元に取っておくということでは、マグネットの広告があります。水回りの修理はポスティングの定番ともいえますから、よく見かけるという人も多いことでしょう。

そのほとんどが、緊急の場合にアクセスするためのものなので、上記の限りではありません。

これらは、ちょっと別ものと考えた方がよいでしょう。とりあえず取っておこう、冷蔵庫に貼っておこう、という類のものです。

マグネットなどとは違って、紙のチラシに反応するのは〝出合い頭〟がほとんどでしょう。そこに、たまたまチラシがあったから…というわけなので、出合いは重要です。

「雨も降ってきたし、チラシのピザがいいんじゃない？」

「どこに行くか決めてないけど、この新しいレストラン美味しそう。行ってみようか」

こういうケースでは、当然ながら結果が出るのも早くなります。

中には1回目のポスティングで思ったほどの反響が出なかったからと、すぐにデザインを変えたがる企業もあります。たとえ賞味期限前でも、前のめりになってガラリとイメージを変えてみたり、毎回デザインを変えてみたり…。

直接の来店や購買の行動につながらなかったとしても、情報やイメージは、チラシを手にした人にうっすらとでもインプットされているもの。にもかかわらず、すぐにガラリと変えてしまったら、別ものになってしまいます。これでは、前のポスティングをなかったことにしてしまうようなもの。ブランディングとしても、もったいないことです。

変えるなら、キャッチをちょっと変える、あるいは配置を変える、というようなマイナーチェンジ程度にします。色合いや雰囲気など全体のイメージは変えない方が、見た人には抵抗なく受け入れられ認識されるはずです。

特に、会社のイメージ・カラーのようなものは、変えないこと。チラシを見た人に、徐々にでもイメージを浸透させるようにしたいからです。

最初のうっすらとしたイメージは、目にする回数を重ねるごとに、より鮮明になってきて、直接の行動を喚起することになり得るのです。

ポスティングはタイミングが重要

ポスティングというのは、「とにかくポストにチラシを入れてくればいい」というものではありません。やはり反響があってはじめて、伝えたかった情報、大事な告知やメッセージ、チラシに込められた思いなどが届いたかな、と思えるのです。

少しでも多くの人たちが、チラシを手に取ってくれる。詳細までしっかりと目を通してくれる。そして、実際に商品を買ったり、お店に行ったり、企業やお店のウェブサイトにアクセスしたり…何らかの行動を起こしてくれることが、チラシのいちばんの目的なのですから。

そのためには、もちろんチラシそのものの分析が大切ですが、もうひとつ、ポスティングのタイミングも重要な要素といえます。

まず考えられるのは、同業種のチラシが一緒に入っていると、反響が落ちやすい、ということ。私の会社では、同じ業種の広告は配らないことにしていますが、それでも、すでにポストに入っているもの、後から入れられるものに同業のチラシが混ざり込んでくるのはどうにもなりません。

特に、不動産関係の広告は、木曜、金曜に集中しがちです。というのも、不動産屋はほとんどが火曜、水曜が休業なので、休み明けに、週末のモデルルームなどのチラシを配ることが多くなるのです。

全体的に、月曜はチラシが少なめでポストは空き気味です。それがだんだん、週末にかけて増える傾向にあります。それなら、不動産も日曜、月曜にポスティングすればいいのに…と思いますが、慣習になっていることは、そうは簡単には変えられないようです。

同業種のチラシでなくても、ポストにたくさん入っていると、せっかくの開封率100%の効果が薄れる可能性があるので要注意です。

また給料日というのも、ポスティングのタイミングを考える上で、欠かせないポイントです。例えば、給料日がだんだん近づいてくる頃、フトコロが寂しくなってきた人たちが、ブランド品のバッグなどを売りに行く。そんな人たちの目に触れやすいのは、ブランド品の買取り系の広告。25日の給料日が近づく15〜20日頃にポスティングを行うのが、最も反響が大きくなります。

同じ理由から、消費者金融のチラシも月の中旬が効果があるようです。お金がそろそろなくなる…というときに必要なものを考えると、このタイミングになるわけですね。

カード会員募集のチラシもそうです。キャッシングしたくなる給料日の直前が効果大です。この辺のチラシは皆、月初に配ってもまずダメだと思われます。

理由がよくわからないのですが、月初に多くなるのが、通信系のチラシ。この時期は、ポストがわりと空いているので、中旬や月末にこだわる必要がないなら、狙い目かもしれません。

また雨の日には、外食するのも、食材を買いに行くのも面倒…というのは、多くの人に共通するところ。雨の日の前日、それに雨の日に宅配ピザやデリバリー関係のチラシの反響が大きい、というのはテッパンです。

チラシの一等地を大切に使えていますか

チラシは、何と言っても人に見てもらわないことには、本来の目的を達成できません。手に取った人の目を引くこと。これが、チラシのデザインのポイントになります。

目を引く、という意味では、例えば、ド派手なカラーをゴチャ混ぜにして、ワケのわからないイラストやら写真やらを加えて…と、「何、これ？」と首を傾げるものを作れば、目を引くかもしれません。

でも、目を向けてもらって、メッセージを伝えることが、チラシ本来の目的です。伝わらないチラシは、チラシとしては失格となってしまいます。

先にもお話しした通り、チラシに目を向けてもらえるのは、ポストから出す瞬間だったり、エレベーター待ちのちょっとの間だったり、下手をすると数秒にも満たない一瞬のことだったりします。

そんな短い時間で、目を引いて心に留めてもらう、あるいは詳細を読もうという気にさせるには、チラシの〝つかみ〟次第。いわゆるキャッチコピーを、〝チラシの一等地〟に入れることが、最大のポイントです。

チラシの一等地とは、私が勝手に名付けたものですが、チラシの左上のことで、最も目を引く位置です。地価トップの常連、東京・銀座の鳩居堂か、山野楽器あたりか、というくらい価値ある位置なのですから、これは大切に使うしかないでしょう。

チラシの一等地というのは、人がチラシやポスターなどを見るとき、横書きのものなら、目線は必ず左上を起点に、「Z」を描くように動く、というのがその理由です。つまり、一番最初に目が行くのが、左上ということ。

ここに、キャッチとして、最も大事なこと、注目してほしいことを書いて、別の位置にある詳細にさらに引っ張っていくことが、重要な役割になるわけです。

一等地に入れるものとしては、「満足度1位!」とか、「98・8%がよかったと答えた!」などのように、数字を入れると効果があります。

見た人の多くは、「へぇ、満足度高いんだ」というように、何となく皆が使っていると安心…というユーザー心理が働くようです。〝98・8%〟も〝1位〟も、皆が使っている、というクレジットと言えるでしょう。

またキャッチにするなら、ベネフィット。つまり、それを利用することで得られる利益やメリットを、わかりやすくアピールすることが大事です。

あるメーカーの広告を作るための打合せをしていたときの話です。クライアントであるメーカーは、機械の馬力がすごい。モーターの回転率が高い。どこそこの性能がどうの…という話をやたらとしたがります。

その機械がどれほど優れているか。メーカーとしては、それだけ自信とプライドのある製品だけに、それをキャッチにして、見込み客にアピールしたいという気持ちが強かったようです。


でも、モーターの回転率や機械の馬力など、ユーザーにはほとんど関係ない。ベネフィットを伝えないといけません。

ベネフィットとは、ユーザーにとってどんな悩みを解決できるか？　ということです。


例として、ある除草剤のチラシでは、メーカーは○○メチゾールが23％も入っているのがすごい…と強調するけれど、ベネフィットは、夏の炎天下に草むしりをしなくてもよくなる、ということ。「さよなら、炎天下の草むしり！」ということなのです。これがキャッチにするべきベネフィットです。

そういうことを考慮しながら、左上を大事に使わないといけません。どうやって詳細を読んでもらうかということでは、ウェブサイトのランディングページ、つまり検索や広告などから、最初にアクセスするページと同じです。

あとは、ビフォーアフターのような写真とか、申込みの流れ、お客様の声、路面店なら地図や住所、電話番号などを入れます。

ちなみに、チラシとホームページは、デザイン性を合わせた方がよいでしょう。統一感がないと「チラシと別モノ？」「ここで大丈夫なの？」などと、余分な不安を抱かせることになりかねません。

たまに、一等地にきれいなモデルの写真を載せたがるクライアントもいるのですが、宣伝したい商品やサービスとはまったく関係ないので、載せるなら右下とか右上にしないと、一等地の無駄遣いになってしまいます。趣味に走るのは、別のところでお願いしたいですね。

チラシのデザインは、最初に目が行く左上、チラシの一等地にキャッチとして、最も大事なこと、注目してほしいことを書く。そして数字を入れるのが効果的。

地域で変わる「限定」と「先着」の違い

限定20食限り。朝採野菜の特選〇〇〇ランチ——
早い者勝ち！　先着１００名様、卵１パック〇〇〇円——

チラシの中にこんなフレーズを見かけたら、あなたなら一体どちらに行ってみたいと思いますか？

「早い者勝ちと聞くと、なぜか血が騒ぐ」
「限定という言葉を見ると、自分が招かれている気がする」

人それぞれだとは思いますが、チラシのマーケティング的に言えば、言葉に対する反応には地域により、一定の傾向が見受けられることもあります。

というのも、マンションのセグメントにも共通していて、同じような属性の人たちが集まってきて地域を形成しているからです。

ポスティングの効果を上げるには、その地域の特性を考慮した上で、受け取り手が好感を抱いたり、行動を促されたりするような言葉を上手に利用することです。

例えば、冒頭の「限定」という言葉は、富裕層に好まれる傾向があります。自分たちは特別という意識がどこかにあるのでしょうか。

こういう層は急激な変化を敬遠する傾向があり、「劇的に」という言葉はNG。「だんだん」「徐々に」「ステップアップ」という言葉の方を信用します。

また、このカテゴリーの人では、失うということに恐怖を覚えるし、損することは何よりも嫌い。だから、「知らないと損する」という言葉が刺さります。

ただし、「ご存知ですか？」というのは、避けたいワードです。プライドの高い人が多いので、「そんなこと知ってるから…」と反感を買うのがオチでしょう。

一方、「先着」という言葉は、庶民的な下町、労働者層の多い地域で好まれる傾向があります。特に、「早い者勝ち」という言葉は刺さりやすい。ふだんから競争の中でもまれている感じでしょうか。

こちらの層では、「劇的に変わる」というワードは歓迎されます。ものを見るスパンが短く、今日、明日のことを考えながら、できるだけ早い結果を欲しがります。

これが富裕層だったら、「劇的に変わる」と聞いた瞬間、眉をひそめるはずです。怪しいと思って、信用することはないでしょう。そのくらい価値観が違うし、刺さる言葉も違います。

また、例えば「4800円〜」という表現は、やめた方がよいです。「〜」を見たとたんに、その価格より「絶対高い」と思う人がほとんど。やはり明朗会計が一番です。

ある人にとってはどうということもない言葉が、別の誰かには不快感を抱かせたり、また他のある人には競争心を煽ったり、虚栄心をくすぐったり…と、表面的な言葉の意味だけでは計り知れない、感情を引き起こすこともあります。それだけに、人に与える印象が生命線といえるチラシでは、使用する言葉選びには注意が必要です。

当たり前のところに当たり前のアプローチをかける

富裕層が多い居住地域というと、最近はタワーマンションが象徴的です。あるいは、一戸建てなら大きい家と相場が決まっています。

東京都内では、千代田区、港区なら、ほぼ全部が富裕層と言っても差し支えないと思います。そもそも住民が少ない千代田区など、その中でも特にアッパークラスではないでしょうか。

生活レベルによって、住居はもちろん、ライフスタイル、特に消費傾向や関心事なども共通するところが多くなりますから、配るチラシも必然的に決まってきます。

格安スーパーのチラシなど入れても反響は薄い。オーガニック製品の店とか、オーガニックレストランなど健康志向、本物志向がウケるのは、こういうエリア、マンションの特長的なところでしょう。

ピラティスとか、24時間ジムなどフィットネス関係のチラシも定番ですが、タワマンに関していえば、元々ジムやプールを完備したところも多いですね。ただ、それはそのくらい健康は関心事だということなのでしょう。

このようなアッパーな人たちにアプローチすべきものは明確なのですが、タワマンでは、「チラシお断り」というケースが多いです。

警備もコンシェルジュも待機していますし、アプローチするのは不可能。こういう場合には、ほとんどＤＭ便を使うことにしています。富裕層が好む各種チラシを10枚ほど束ねて、宛名付きＤＭ便として送るのです。開封率１００％とはいかないまでも、そういう手段もありますから、はじめから諦めてしまうことはありません。

以前、マンションの住民の方たちに、アンケートを取ったこともあります。それによると、「チラシは迷惑ですか?」とお聞きしたところ、90％以上の方は「大丈夫」という回答だったのです。

独自の調査では、ポスティングがＮＧというのには、大きくふたつ理由があるようです。ひとつは、昔のピンクチラシなどの影響もあって、「ポスティングは悪、いけないもの」というネガティブイメージがあるため。

そして、もうひとつは、ポスティングがどうのというより、マンションの管理会社の事情。住民には出ていってほしくないので、住民に迷惑かもしれないチラシ、それに不動産のチラシは避けた方がよいとの判断のようです。

でも、超富裕層はともかく、マンションの住民でも、ピザのチラシやクリーニングのクーポンなどが欲しい人は少なからずいるのです。チラシを届けていて、ときには「何のチラシ？」などと聞かれることもあります。立派なマンションに住んでいるがゆえに、地域情報の弱者にならないとも限らないということです。

越えてはいけない壁もある？

「ポストに入れてくるだけなら、自分たちでもできそう。バイトの子に空き時間にちょっと配ってきてもらえばいいかも…」

そんな風に考える広告主の方もいるでしょう。

チラシを作成したら、もちろん広告主が自らポスティングすることも可能です。少しでもコストをカットしたいと言うなら、それもあり、かもしれません。ただし、いきなり自分たちでやるのも、「向こう三軒両隣」だけ、というわけではないでしょうし、効率よく配るというのは、そう簡単なことではありません。

それに、想定外のトラブルに見舞われることもあります。不審者と間違われて通報されたり、クレームをつけられたり、結局、広告主が対応に追われるハメになって、イヤな思いをした…などということにもなりかねません。

特に危ないのが、チラシなどを投函してはいけないことになっているマンションに、入れてしまうこと。

「チラシなんて配ったことないんだから、そんなのわかるわけがない」

配った当事者からしたら、ほんのちょっとしたミスなのですが、これは謝罪対応に追われるケース。苦い体験だけが残ることになります。

私の会社では、こんなことが起きないように、ポスティング禁止のマンションのリストを作成してあります。

協力会社60社の禁止リストデータをベースとして、謝罪に謝罪を積み重ねて得られたデータを合わせて、「全国入れてはいけないマンション」のリストとなっています。

ＢＥ Ｍｅｓｓｅｎｇｅｒにおいて、私の涙？と汗と、冷や汗もかなり加えて作られた、まさに生きたリストです。これを、皆で共有していければ、ポスティング業界全体のイメージアップにつながるのではないでしょうか。

ポイントは、どこに入れて、どこは入れてはいけないかということ。入れるべきところに入れて、入れてはいけないところには入れない。

この基本のお約束さえ守れれば、ポスティングはそれほど難しいことではありません。ただし、定期的にデータのアップデートも必要です。

こういう入れてはいけないマンションの場合もそうですが、人と人がつながっている以上、いろいろなクレームがあります。

ときには、ちょっと怖い方々の言いがかりのようなクレームもあるのですが、クレーム対応は、人まかせにしないことにしています。外注に出さず、現場で店長が対応します。もちろん、私が出ていくこともありました。

最近では投函禁止リストのデータベース化をしたおかげで、クレームの発生率は、宝くじの当選確率よりも低くなってきました。

効果を出すには同エリアに3回配布

1回ポスティングをしたからといって、必ず効果が出るというものではありません。もちろん、初めて目にしたチラシで「あ、ちょうど食べたいと思っていたんだ！」と、宅配を頼む、ということも普通にあるでしょう。

先に〝出合い頭〟などと言いましたが、ポスティングのタイミングと、顧客のニーズやそのときの状況がぴったり合えば、1回目だろうが、うまくいくことはうまくいくのです。

ただし、そんなことが、いつもいつもあるわけではありません。だからこそ、ポスティングを繰り返して、ちょっとずつ目にした人の記憶の中にもぐり込む。そうしながら、顧客のニーズとドンピシャのタイミングをはかっていく…という感じでしょうか。

1回目は、目に入っただけで、ぼんやりとした記憶にしかなかったものが、2回目を目にして、「あれ、どこかで見たな」と、はっきりとではないけれど認識されてきて、次には、「じゃあ、今度行ってみよう」とか、「あ、あの店、この前チラシで見たところだ」ということになれば上出来でしょう。

ポスティングは、通常少なくとも3回はやってみないと、効果が出にくいものです。特に1回だけやってみて終わり、というのは、せっかくやった1回目の分も無駄にしてしまうようなもので、非常にもったいないです。

2回、3回と繰り返すなら、前にお話しした通り、チラシの賞味期限は2週間ですので、賞味期限が切れる頃に、またポスティングするのが効果的です。

特に、オープンしたばかりの店のように認知度が低い場合なら、月2回くらいのペースで、3か月は継続してポスティングするとよいでしょう。

月2回は結構インパクトがあって、徐々に認知度が高まるはずです。ある程度効果が出てきたら、月1回のペースに抑えてもよいでしょう。

逆に、月4回にすると、クレームが出てくることもあります。「もう、わかったから…」「それ、要らない」などと、店や商品そのものの印象が悪くなることもありますから、要注意です。何といっても、チラシは印象が大事です。

第4章

湯本流
新時代の
ポスティング活用法

SNSをポスティングでバズらせる

YouTubeやTikTokなどで誰でも気軽に発信できて、どこからでも素早いリアクションが受けられる時代。SNS自体、強力なマーケティング・ツールとして利用されているため、ポスティングとの連携と聞いても、ピンとこない人も少なからずいることでしょう。

「チャンネル登録の宣伝チラシ?」とか、「何でわざわざ紙を配るの?」とか、不思議に思われても無理のない話です。

スマホひとつでササっと好きな動画が見られるし、知りたい情報が瞬時に手に入るSNSは、人が作成した紙の媒体、しかも人の手によって届けられるチラシとは相容れないツール…どこかそんなイメージというか先入感を抱いてしまうのも無理のないことです。

それだけに「チャンネル登録してください」というチラシに効果がある。そう聞くと、驚かれたり、面白がられたりすることが多いのです。
特に、実際にＹｏｕＴｕｂｅ、ＴｉｋＴｏｋ、ＬＩＮＥをやっている人ほど、ポスティングと親和性があるということを知りません。

私自身、ＴｉｋＴｏｋで試してみるまで、そこまで確信はありませんでした。私が支援したＴｉｋＴｏｋｅｒのチラシは、Ｂ５普通紙横で印刷して配りました。月1回のタイミングで、半年間ほどポスティングをやった結果、認知度が上がって、おまけにテレビにも出ることになって…ということで、どんどんフォロワーが増え、今のところ、70万人超となっています。

このマーケティングでは、チラシは最初に弾みをつける働きをしてくれた気がします。はじめに背中を押した、と言ったらいいでしょうか。本当に面白いです。

ＹｏｕＴｕｂｅは、専門の広告代理店があって、スタッフが撮影したりしています。ＴｉｋＴｏｋでも、最近はそうなってきているようです。いろいろ広告収入なども入るようになってきているので、ビジネス的にもチラシの新しい顧客がいるということです。

自社のお試しで成功事例もできていますし、ＴｉｋＴｏｋでは早い段階からポスティングとマッチングさせる実験も行ってきていますから、今後に期待！これからの展開が、楽しみです。

詳しい方からお聞きした話なのですが、特にＴｉｋＴｏｋでは、地域ごとの再生比率がとても重要で、例えば高円寺でたくさん再生比率があると、それを西東京に伸ばして…とか、新宿方面でも伸びて…というようにだんだん広がっていく。そういうしくみになっているようです。

ですから、ポスティングで一定の地域で再生比率を伸ばすと、そこからバズる可能性が出てくる――。これは、ＴｉｋＴｏｋのアルゴリズムに、すごく合っているのです。

まず、地域で再生比率をアップさせてバズらせる。これこそ、TikTokのバズりの一番のテクニックだということです。

SNSを盛り上げていくためにも、これはもう自信をもってポスティングをお勧めしていくしかありません。

サブスクの入り口をポスティングで作る

第1章でマンガアプリのダウンロードについて、ちょっと触れました。ポスティングは、YouTubeなどのSNSの入り口にもなれば、同様にアプリの入り口も作ってしまうわけです。

それに最近は、利用者が増加中のサブスクの入り口としても、ポスティングが向いていることがわかっています。

サブスクは、ご存知の通り〝サブスクリプション〟の略で、動画や音楽の配信、車や家具、洋服などのシェアをはじめ定額制のサービスのことです。

このサブスクでも、利用のとっかかりを提供するのには、ポスティングは最適なツールなのではないでしょうか。

サブスクを申し込みたいけれど、自分に本当に必要なのだろうか？　たくさん利用すれば、お得なのかもしれないけれど、ほとんど使わなかったらムダ遣いになってしまう？　自分に合っていないとわかったら、すぐに止められるのだろうか？

サービスの入り口に立っても、いろいろ迷ってしまって1歩が踏み出せないとき、あるいは、まず何から始めたらいいのかわからず不安なとき、たまたま手にしたチラシが背中を押してくれるはずです。

特に、最初の何か月間無料とか、お試し何とかなどのお得情報も用意されていることが多いので、それをアピールするのにもうってつけです。

思いきりキャッチーなコピーで心を鷲づかみにできれば、迷いがすっきり消えてなくなること請け合いです。

ゲームアプリやサブスクとチラシの相性も抜群！
まずはサービスの入り口を作って、背中を押す役割ができる。

お祭り・フェスに集客するポスティング

近所を歩いていたら、どこからか音楽が聞こえてきた。楽しそうだったので、音のする方へ行ってみたら、公園にたくさん人が集まって、地元イベントの真っ最中。周りに屋台なども出ていて、なかなかの盛り上がり…。

「そういえば、去年は通りがかったときには後片付けしていたっけ。いかにも祭りの後って感じで淋しかった」

次には、日時をチェックしてちゃんと来るつもりだったのに、気がついたら終わりかけていた。

イベント〝あるある〟ではありませんか。

もちろん、全国規模の…とか、チケットを買って…とかのイベントならともかく、ローカルなイベント、例えば地元と沿線の住民で盛り上がっているようなものだと、「そういえば、毎年やってるよね。でも、いつだったかな」と、ぼんやりとしか認識されていないことも少なくありません。

また、地元の神社、例えば鎮守様の秋祭りや縁日、歳の市…その他もろもろ。神事があって露店も並んでにぎわっているし、認知度が低いわけでもないのに開催日の周知ができていないのが大きな要因と言えます。

こういうリアルなイベント系の集客には、実はチラシがよく効きます。

通常の告知手段としては、市区町村のホームページに載せてあったり、町の掲示板にポスターを貼ったりというのが主流でしょう。なかなかポスティングで…とは、考えてもらえないようです。

最近は、自治体でもフェイスブック、X、インスタグラムなどで発信することも多くなりましたが、住民がどの程度フォローしたり、アクセスしたりしているかというと、いささか疑問を感じてしまいます。
町の掲示板のポスターも、よほど興味がない限りは、注目度は高くないでしょう。少なくとも、ポスティングの開封率100%には、遠く及ばないと思います。

音が聞こえてきたら、多くの人が「行ってみよう!」という気になるのですから、事前に、よいタイミングで「〇〇のイベントやります」と伝えられれば、しっかり認識されるし、実際の行動につながるはずです。
イベント系の集客力の高さは、すでに実験済みです。単なるイベントだけでなく、町おこしにも利用できると思っています。

ポスティングのタイミングとしては、イベントの2週間~5日前まで。泊りがけで行くイベントというわけではないので、あまり前からやっても、逆に効果は薄くなってしまいます。

旅行ではありませんから、「お祭りに参加しよう！」と、何か月も前から計画している人は、まずいない。「あ、この日は空いてるから行ってみよう」というのが、普通でしょう。だから、ギリギリ5日前までくらいが、ベストだと思います。


いずれにしても、知らされていないから、あるいは気づかなかったから、行けなかった…というのはなくしていかないと、もったいない。

「行きたかったのに～」というのも、「もっと集まってもらえたのに～」というのも、ポスティングをすれば、解消できるはずです。実際に以前、埼玉県川口市のイベントでは、ポスティング広告のみで2万枚配布、2000人来場してもらう結果を作り出せました。

エンタメやスポーツの集客ポスティング

映画館や劇場の集客にも、ポスティングは有効ではないかと考えています。「これは、ちょっと見てみたいなあ」と思っていた人には、リマインドをかけることになります。だから見逃すことなく、より確かな集客につなげられるはずです。

また、特に見ようとも思っていなかった人には、興味を喚起して「あぁ、あそこでやっているなら、見てみようかな」と、行動のきっかけを作ることにもなります。その分、より幅広い集客につながるでしょう。

映画や演劇は定期的に行われているものなので、劇場とも組んでみたいと思っていますが、日本の劇場は、ほとんどプロモーションを打ちません。ブロードウェイなどは、劇場が予算をとって宣伝しているという話です。

私は映画も作りたいけれど、芝居も作りたい。前にお話しした「ポスティング」の舞台化もいいですね。本当は、劇場そのものを作りたい。プロモーション・マーケティング機能をもった劇場。役者が演技に専心できる環境を作りたいと思っています。

現実は、彼らがほとんど財務も集客もやっています。私の会社のスタッフは、役者が多いので、彼らを守ることは、私の個人的なミッションだと考えています。

ちょっと話が横道にそれてしまいましたが、屋外のイベントといえば、スポーツの試合にも客が集まります。サッカー、野球、バレーボール、ラグビー、陸上競技…せっかくの大会なのですから、地元から盛り上げられれば、選手たちも励みになります。やがては、その競技の隆盛にもつながるのではないでしょうか。

私の会社では、最近はスポーツの試合の案内をポスティングすることもあります。

「いつ試合がある」という告知で、Ｊリーグや野球スタジアムへ観客動員するためのポスティングの実績もあります。

特に地元のチームであれば、その試合を中心とした地域おこしイベントのようなこともできるのではないでしょうか。

早割をやってみたり、クーポンを付けてみたり、例えば、子供連れ向けに風船1個プレゼントなどというのをやってみたり…等々、いろいろなことが考えられます。

スポーツ観戦は地域性が高く「この辺の人たちは応援するでしょ」「ここの人たちなら行くよね」というエリアがあるので、チラシの親和性は確かにあると思います。

ビジネスを短期間で加速させるＢｔｏＢ配布

ポスティング広告というと、各家庭などのように個人が対象の、いわゆるＢｔｏＣのイメージが強いのではないでしょうか。

でも、企業だけにポスティングするというセグメントもできるので、ビジネスに新しい集客パターンの展開が期待できると思います。何といっても、チラシを作成すれば、すぐに配れるスピード感。直接的に集客に結びつくので、反響も早いです。

また、ネットの広告の場合では、１００万円で１００人のお客様が来ました。それで、倍の予算にしたら、倍のお客様が来ます…とは、なりませんよね？

その点ポスティングは、2倍配ると、反響は2倍になります。結果を読みやすく、早く出るので、当月投資回収も期待できます。短期間で結果が出てリピート率も高くなると、継続的なポスティングの必要がなくなってしまう、という嬉しい悩みもあるのですが…。

企業向けのポスティングでも、新規の顧客を獲得するのが目的になりますから、まず多くの企業に自社を知ってもらう必要があります。企業を1軒1軒営業に回っていたら、とてつもなく時間がかかりますが、まず自社の名前とサービスを知ってもらうには、ポスティングはうってつけです。

特にターゲットとなる業種が集まっているエリアや、特定の企業に直接アプローチできるので、効率のよい営業、認知度アップを図れることになります。業種でセグメントしたり、サービスを知ってもらったり、やるべきことは、BtoCでも、BtoBでも基本的にはあまり変わりません。

企業が相手だから、チラシの内容をしっかり見てくれる…などということは、まったくありません。内容に関しては、家庭向けのチラシ同様、心に留まるキャッチーなコピーやデザイン、つい詳細まで読みたくなるサービスなどが必須です。

また、ポスティングを行うスタッフの身だしなみやふるまいも徹底しないといけません。不審な様子は、オフィス街でも警戒されます。

当社では、オリンピック中の交通規制のお知らせなどのポスターを配るというプロジェクトの実績があります。それをふまえて、今後もＢｔｏＢのポスティングにも活用していきたいと思っています。

ボランティアでも活きるチラシの力

以前、ボランティアのイベントがありましたが、その告知のために、２万枚のポスティングをして、２０００人を集めました。このイベントは、もう３回を重ねていますが、すべて首尾よく進みました。

私は、ずっとボランティアには興味があったので、東北地震の翌日には現地入りしてボランティア活動をやりました。主にお年寄りの方々の家の中から家具を外に出して、泥を取り除いたりしました。そのときは、ボランティア活動を立ち上げたところから、延べ6000人を現地に送り込みました。

なぜか印象に残っているのは、プロパンガスのあるところに、「お風呂を貸してください」というチラシが入っていたこと。また「○○ちゃん、探しています」などと紙に書いたものが貼り出してあったりもしました。

被災地では、インフラがすべて止まってしまいます。そういう環境の中というのは、アナログが活躍する場なのです。

一時的にでも機能しなくなっているものの役割を、紙のチラシで代行できることが、いろいろありそうです。また、今はほとんど崩壊している回覧板のシステムも、ポスティングに代用されつつあります。被災者のコミュニケーションや、必要な情報の共有に利用できるのではないでしょうか。

十分とはいえない環境の中で、紙の媒体だからこそ活かせることを探っていければ…と強く感じました。

第5章

ポスティングを
コミュニケーション
ビジネスにする

「フック商材」「フロントサービス」「潜在顧客」という考え方

チラシを配って、お店やサービスを宣伝しようというクライアントでも、フック商材やフロントエンド、潜在顧客という意識があまりないことが多いようです。

例えば、スーパーのチラシを作るとします。目玉となるサービスメニューは3つ以内というのが効果的なのですが、皆さん、できるだけたくさん載せたがる。これは、どこでも共通していますね。

そのスーパーでは、木曜は「バナナ88円」、金曜は「イチゴ100円」、土曜は「ドレッシング50円」…ということで落ち着いたのですが、お店としては、絞るというのはちょっと怖いようです。

それで、事前にアンケートを取り「バナナ88円ならお店に行く」と9割以上の方が答えたデータを見せて、納得してもらいました。地方のスーパーの話ですが、このときは、実際、店の外に行列ができました。

特に、フルーツはフック商材としては効果が高いことが、これまでの実験、経験からわかっています。

そもそも、集客のための〝フック商材〟なので、本当はひとつだけバーンと押し出すだけでも十分と言えます。フックは、ご存知のようにモノをひっかける鉤のこと。お客様を店に呼ぶための目玉商品。買いに行こうと思ってもらうのが目的ですから、お客様がつい買いたくなるものを低価格で出さないといけません。それも粗利率が高いものを提供するようにすることです。

集客用の商材は〝フロント商材〟とも呼ばれます。本来購入してほしいメイン商材（バックエンド）に対して、まず手始めに購入してもらうもの。収益率は低いけれど買いやすい価格のものを用意します。

チラシの一等地に載せるべき、このフロント商材（サービス）は、当然ながら業種によりいろいろです。

例えばリフォーム会社なら、本来は家のリフォームをしてもらうのがメインですが、まずは、例えば〝アミ戸修理　８０００円〟をアピールして、顧客になってもらう…というのが効果的です。材料費は安いものですが、自分ではなかなかできないので、よく売れるようです。ふすまの張替えなども、人気のあるフロント商材でしょう。

クライアントには、「１万円以下の低単価で、粗利率が高いものを」と、一応ご案内をしています。

というのも、これなら広告１～２回で、十分ペイできてしまいます。リピート発注したら、新規獲得単価が1万円でイケた…ということになるし、さらに1か月、2か月で黒字になるなら、回転率がすごく上がります。

　また、例えばビル・メンテナンスの会社なら、〝エアコン清掃8000円〟というのが、よいフック商材です。花粉が飛ぶようになる前とか、夏の前など、特に喜ばれます。結構何社にも提案したので、今ではいろいろな会社がやっています。

　フィットネスクラブやエステ系なら、これはもう体験でしょう。〝体験1回無料〟といったものがウケるようです。無料体験も、多くのところでやるようになっています。それだけ、お客様にも人気があるということでしょう。

　無料体験は、代表的なフロント商材です。とにかく店に来てもらう、というのが重要ですから、そのためにはとても効果的なサービスと言えそうです。潜在顧客も掘り起こしやすいでしょう。

今、話題の
生ごみ処理家電
ディスポーザー
国内累計販売台数NO.1
Check here!!
千葉TVで紹介されました！
2週間無料レンタル
お試しキャンペーン
都内在住の方100名限定
生ゴミをなくす3つのメリット
01 ヌメヌメお掃除とおさらば
02 害虫・嫌な臭いが消える
03 三角コーナー不要
実は環境に優しい
日本を含めた世界各国の社会実験により、生ゴミの埋め立て・焼却処分に比べて、
ディスポーザーはCO2削減効果があることが認められています。
生ゴミのないキッチンを体験する
「2週間無料レンタルのチラシを見て電話しました」とお伝えください！
esco
Our Town Our Future
東京都港区芝大門2-9-17戸部ビル4階
0120-101-539

アンケート・チラシで、潜在顧客を掘り起こす

スーパーに買い物に行くのとはわけが違って、そうは簡単に買うことのない不動産などの場合は、どう潜在顧客を掘り起こすのでしょうか。フロント商材といっても、ちょっと考えにくいですよね。

そもそも不動産業界には、潜在顧客という概念がほとんどないように見えます。通常、不動産屋に足を運ぶのは、「今、こういう物件が買いたい」という、いわゆる顕在顧客のみ。店の方でも、そういうすぐ買いたい、売りたいという客しか相手にしていないせいか、「いつか家を買いたいから、とにかく来てみた」という客は、ほとんど見かけません。潜在顧客を探すといっても、どこを掘ったらよいのかもわかりにくいですね。

そこで私の会社で作ったのが、住まいに関するアンケート・チラシ。「答えてくれたら、ＱＵＯカードをお送りします」ということで、やってみました。

お礼のＱＵＯカードを送ることにしたのは、見込み客に住所を書いてもらうことが重要だからです。

アンケートでは、現在は賃貸か分譲か、将来家を買いたいか、世代、家族構成、年収…などについて回答してもらったのですが、思っていた以上に多くの皆さんが書いてくれました。これは、とても貴重なリストになるわけです。

将来、家を買いたいというファミリー層には、ファミリー世帯、ファミリーの情報のＤＭを送ればいいのです。

今すぐ購入…というわけではなくても、こうして顕在顧客になったら、例えば、３〜５年以内に買いたいという顧客リストに、３か月に１回くらいずつＤＭを送っていれば、３年後、４年後に買うときには、その不動産屋で買ってもらえる可能性が高くなります。

不動産業には〝顧客を育てる〟などという概念がないのはもちろんのこと、潜在顧客、顕在顧客という意識すらないようです。

アンケートのお礼のＱＵＯカードは、３００円でも５００円でも、反響に違いはありませんでした。いくらだから…とかは、あまり関係ない。もらえるかもらえないか、ということ。アンケート・チラシは、何を進呈するかというのがポイントになるのです。

不動産屋は、見込み客の住所、今住んでいる場所が知りたいわけですが、特に住所を書いてもらう必要がないものでは、やはりＬＩＮＥが手軽でいいでしょう。アンケートに答えて、お友だち登録してくれたら、ＬＩＮＥポイントを差し上げますとか、楽天ポイント、Ａｍａｚｏｎギフトカードなども喜ばれます。出口が広いというか、いろいろ買えるというのは、嬉しいものですから。

チラシで配りますから、ＱＲコードを付けておいて、「ここから、アンケートに答えられます」という形にします。ＱＲコードは、アクセスした時間、件数、場所が特定できますから、よいマーケティングになります。

アンケートを取って、潜在客を掘り起こすという方法は、昔、ある教育・出版関連事業でバイトをしていたときに教わったものです。何しろ、若いときに60回以上職を転々としていたおかげで、「アレ使える！」みたいなものが結構蓄積されています。

いろいろなノウハウのイイとこ取り、というわけです。そんな断片を頭の中でパズルのように組み立てて、面白いチラシ、ポスティングのアイデアを考えていけたらいいと思っています。

通信系の潜在顧客掘り起こしは引越しから?!

電話やネットなど通信系も、潜在顧客へのアプローチが難しい業種です。潜在と言っても必要なところはすでに利用していますし、新たな掘り起こしといっても、どこへアプローチしたらよいのかわかりにくいからです。

とはいえ、ポスティングをするなら賃貸マンションです。なぜなら、引越しする確率が高いですから…。転居先に電話やインターネットなどの移設が発生するので、通信会社にとっては狙い目といえます。

こういうケースでは、引越し業者と提携すると、引越しの多いマンションがわかります。引越しの多いマンションリストに載っているマンションなら、賃貸か分譲か厳密には分けられなくても問題ありません。通信会社の広告をリストのマンションにポスティングしたら、案の定すごく反響がありました。

どこのマンションが引越しが多いかというのは、個人情報には引っかかりませんから、安心してポスティングできます。

ポスティングということから少し離れますが、引越し業者は引越し荷物の段ボールの回収サービスまでやっていることが多く、ほとんどの業者が無料でやっているようです。

それで、段ボールのフタに不用品回収の広告を入れたのですが、これがすごく受けました。引越しでは、不用品がたくさん出ますから。買取りの広告も入れましたが、こちらも評判がよかったです

段ボールのフタはチラシではありませんが、引越し荷物とともに、容易に家に入り込んでいくという意味では似た働きをしています。重要なのは、その後のストーリーの創造です。

これとこれはマッチするんじゃないか…。仮定から始めて、実証実験を行って、やっぱりそうだったと、結論が出るわけです。

段ボールは引越しに欠かせない。引越しをすると不用品がたくさん出る。それ

なら、段ボールをチラシにして不用品回収とマッチング。そう考えて、試してみる。結果を得る…というわけです。

前にも言いましたが、チラシの先には人がいる。その人は、どんな風に動くのだろう。あるいは、どんな人生を送っていて、この後どうするんだろう…というような想像ができると、必要になるものが見えてくるわけです。

人の行動を見える化する湯本流マーケティング

雨の日には、ピザなどデリバリーのチラシ、給料日が近づいて、フトコロが寂しくなってくる月の半ば以降は、ブランド品の買取りとか、消費者金融などのチラシを配るのがいい、ということは前にも少し触れました。

月ごと、あるいは季節ごと、年ごとに人の行動パターンというのがありますから、それを意識したマーケティング、さらにマーケティングにもとづいたポスティングを行うことが重要です。

まず、年が明けてすぐ「今年こそ、痩せるぞ！」と表明してダイエットを始める人が多いですよね。そういう人をターゲットにしたフィットネスクラブ、スポーツジムなどのチラシは、誰もが手を伸ばしたくなるはずです。

同じような意味合いから、音楽、ダンス、語学、資格試験関係などの習い事やレッスン、学習系など新たにスタートしたいという思いを、ポスティングのチラシで後押しするのもよいでしょう。

3月、9月は引越しシーズン。引越し業者、不動産業者などは、早めに認知度を上げておきたいところです。また、学校の新学期が始まる前には、学習塾や春期講習などの募集も。春先は人の移動が多い季節なので、新たなビジネスの可能性も広がるとき。小さな芽を見逃さないようにしたいものです。

暖かい陽気に誘われて、外出する機会が増える頃には、各地でイベントやフェス、スポーツの大会などが開催されることが多くなります。すなわち集客のためのチラシが効果を発揮するときでもあります。

さらに、夏に向かっては、脱毛やエステなどのニーズが拡大。露出が多くなるシーズンに備えてのケアがポイントになります。お試しの「無料体験」、「今だけ入会金ゼロ」などフロントサービスがモノを言います。

この後も、夏の旅行、花火大会をはじめ各地のイベント、暑さ・熱中症対策その他、秋の行楽シーズン、クリスマス商戦…。季節の行事やイベントなどに思いをめぐらせていると、どんなクライアントと、どんなチラシを作れるのか、ワクワクしてきます。

このように、シーズンごとの行動パターンに応じたプランを立てて、よいアイデアを考えましょう。

一方、水道や水回り、カギの修理などのように年間を通して需要があり、定期的にチラシを配るものもあります。緊急性の高いもの、ということになります。いざ「必要！」となったとき、チラシがすぐ目に入って、即行動に移せるのが決め手になります。

マグネットや小さいシールでどこかに貼っておいたり、名刺サイズでお財布に入れたりできるものが○。すぐに行動できないようだと、ネットには勝てない。検索する手間を省ける即効性が、チラシの強みなのですから。

成功するポスティングは事業者とクライアントが一体で動く

集客のプランをクライアントと一緒に考えていくのは、面白い作業です。クライアントがどうしたいのかを明確にして、クライアントと一緒にアイデアを出し合いながら具体的な企画を作り上げていく。ポスティング業者の誰もがやっているわけではありませんが、興味深いものです。

うまくいって反響が大きかったときは、シンプルに嬉しいです。最初に関わったクライアントは、実験に使われてしまったわけですけれど…。でも、マーケティングは実験の積み重ねです。

今度、あるパチンコ屋さんのPRに、ドローンレースをやろうというプランを考案中です。そこでは、元々店頭でタマゴや大根の大安売りをやったりしていたのですが、さすがにナンセンスです。

パチンコはエンタメなのですから、もっと競争性のあるもの、ちょっと興奮できる競技的なものをやる方がいい。パチンコ屋さんにはだいたい駐車場があるので、そこでレースをやったら楽しいだろうなと考えています。

もちろん、そのイベントはフロントサービスです。多くの人に店に来てもらってパチンコもやって帰ってもらう。ポスティングで効率的に集客を行えば、大きな反響が期待できるのではないでしょうか。まだ、提案はできていないのですけれど。

ポスティングの会社だからといって、ただチラシを配るのではなく、もっとアイデアを出したり、クライアントと一緒に考えたりすることで、思いがより強く、はっきりと伝わりやすくなるのではないかと思います。

チラシの会社というのは、何十年もずっと同じことをやっていますから。

今、ちょっと考えているのは、葬儀屋さんのチラシを瓦版のようにしてみてはどうかということ。わら半紙などで瓦版というか、「地域何とか新聞」のようにして、新聞のクレジットを利用してポスティングしてしまう、というのがいいかもしれない、と思っています。

葬儀屋さんというのは、ザ・広告みたいなチラシを配っていることがほとんど。それでも、それなりに反響があったりします。必要になるのは緊急時なので仕方がないのですけど。

そんな調子で、まだまだいろいろ考えていくつもりです。たかがチラシ…などと思わず、時代に合わせて変えていきたいですね。

湯本流商圏分析を行えば具体的な効果が見えてくる

つい先日、あるクライアントさんから「年収3000万円の人にチラシを配りたい」と言われたのですが、これはなかなか難しいです。年収3000万円と言っても、意外にお金を動かせないものです。

自由になるお金がたくさんある人は、一体どの辺にいるのでしょうか…?!

資産持ちと所得が高い人は違います。資産家はちょっと郊外にいて、高所得者は、駅前など利便性の高いところにいます。ただし、都内でも港区、品川区に住んでいる人は、両方持っているようです、すごいですね。

以前、着物の買取りのチラシを、高所得のところへ…というクライアントの要望があり、幹線道路沿いと駅前エリアに配るように指示を徹底したところ、反響が通常の1・5倍になりました。

そういうことを頭に入れておく必要があるし、商圏分析というのが大事です。商圏分析には、ＧＩＳ（地理情報システム）というのがあります。位置に関する情報をもつデータを、電子的な地図に重ね合わせて表示するシステムなのですが、これが、現場レベルで見るとなかなか微妙なのです。

例えば、〇〇1丁目、2丁目があって「1丁目の方が所得が高い」と出ているので、1丁目に行ってみると、所得の高い人がどこに住んでいるかなど、全然わからない。現場で見た限りでは、大差ないのです。

また他の地域で、人は少ないけれどひときわ所得が高いエリアがあって、そこにチラシを配ったところ、反響がまったくなかった…。どういうことかというと、どうやら1世帯だけズバ抜けて所得が高い、という家があったためでした。所得分析における丁目セグメントは、あまりあてにならないようです。

あとは、所得が高い人は幹線道路沿いと駅前の利便性の高いところ…とわかっているので、ＧＩＳはほとんど意味がありません。男女セグメントも意味がないです。

それでも、大手のクライアントは、データが好きですから、何かにつけ「数字はあるの？」などと言われます。

そんなこともあって行き着いたのが、2章でも少し触れたマンション単位のセグメントです。マンションというのは、ある意味、所得セグメントされていることになりますから。年齢層も近いし、属性の近い人が同じ場所、同じマンションに住んでいるわけです。マンションセグメントは、個人情報的にも問題ありません。

そして、マンション単位でセグメントしていって商圏分析を行い、これを地図上にプロットします。それに、クライアントからのデータをプロットしていって、分析をしたりします。

そんな風にして、この地図を眺めて「このチラシを届けるべき人たちは、この辺にいるな」という読みができるわけです。これが、湯本流の商圏分析です。

チラシによって、当然ながら地図の使い方、というか配り方は違ってきます。飲食系は、デリバリーなら配達エリア全域、来店型なら通える範囲が決まっているので、その範囲全体に。飲食は胃袋を持っている人は、全員がターゲット。つまり、生きている人はほぼターゲット、ということです。

こういうケースでは〝詰めて配る〟ことになります。丁目を100%に近い形で、商圏の中をピタッと配ることを言います。

一方、先ほどのような着物買取りのケースで、詰めて配ったら、一気に反響が下がります。ニーズのないところへ配っても、ムダが増えるだけ。効率的なポスティングとは言えません。そういうムダを避けるためにも、商圏分析は大切です。

ポスティングは攻めのマーケティングツール

前章で、お祭りなどのイベントの集客について、少しお話ししましたが、行政からのお知らせの定番というと、町の掲示板とか、市区町村のホームページなどでしょう？

でも、掲示板でも、自治体のホームページでも、どれくらいの人が見ているのでしょうか？　行政としては、「お知らせしてます」というつもりなのでしょうが、あまり伝わっていないような気がします。

掲示板に〝貼る〟お知らせは、そこに行かないと見られない。ホームページも、検索してインターネット上のそこへ行かないと見られません。どちらも攻めていない。非常に受動的で、「見てください」と、何もせずに待っているような…。

その点、ポスティングで〝配る〟チラシなら、そこにあるのだから、もう見ちゃいますよね？　積極的な攻めの媒体、しかも、玄関を通過して家の中に入れる媒体なのです。

掲示板やホームページのお知らせは、玄関を通過する媒体ではありません。玄関を通過するどころか、家にも近づいていない感じがします。

昔だったら、家に回ってくる回覧板があった。昨今ではそういうものがなくなってきて、お祭りにも人が集まらなくなった。イベントをやっていることに気づかずに、行けなくなった…。

ポスティングで積極的に攻めたら、反響は大きくなると思います。特に、花火大会のお知らせをやったら、人が集まり過ぎてしまうかもしれません。音楽フェスというのも反響があるでしょう。

それに、商店街のお知らせもいいですね。○○○セールなどという集客チラシを、全店共同でやれば、スーパーに対抗することもできると思います。

生活圏の商店街のお得情報などが、チラシ一等地に載っていたら、家の中まで持って帰るはず。玄関もスーッと通過できるでしょう。

町おこしや地域活性化などにも、ポスティングをどんどん活用したら面白いと思います。お祭り、イベントなど人を集めて成功させるには、攻めていくことです。

ポスティングSEOという考え方

ネット媒体全盛の一方で、紙媒体の低迷が取り沙汰されることも多く、ネットと紙がいかにも敵対しているような印象をもたれていることも少なくありません。

でも、これまでにもお話ししてきた通り、ネットとチラシは決して敵対するものではなく、それぞれの強みを出し合い活かし合うことで、より大きな相乗効果が得られるものと思っています。

ポスティングはネットと組むことで、力をより発揮できるのです。

ところで、ネット広告の効果を高めるための対策として知られているSEO（検索エンジン最適化）。「何かを知りたい」「こんなものないかな」などと検索したときに、ズラリと並んだ検索結果の上の方に、自社のサイトのページを上位に表示させるという手法です。

上位に表示させるためには、普通、よほど自然のアクセス件数を増やすか、あるいは高い広告費用を使って対策をするしかありません。

でも、ポスティングを使えば、ネットのSEO対策が、ずっと手軽にできてしまうのです。検索エンジンでググる、というプロセスをカットして、QRコードからアクセスしたいサイトに入れてしまうわけです。

リアル版指名検索とでも言ったらよいでしょうか。手元のチラシが、まさに検索結果の一番上位の項目を提示してくれているわけですから。

SEO対策をするのはお金がかかって大変ですが、ポスティングを使えばスピードが勝負。サッとチラシを作って、すぐに配れば、サイトへのアクセス数が上がるのも早いでしょう。

私の会社のスタッフの求人チラシは、毎回たくさん配りますから、あまりSEO対策をしなくても、順位はどんどん上がっていきます。SEO対策をやるというのなら、ポスティングでやった方が、よほどシンプルでわかりやすく、効果も高いと思います。

だいたい、SEO対策で100万円使っていたのを、200万円かけたからと言って、売上が2倍にはなりません。

でも、ポスティングなら、予算を2倍にすると、リアルに成果は2倍になります。

最強の広告媒体、それは人間だ！

例えば、飛び込み営業で１００軒、回ったとします。契約を取ることがゴールですから、まず１００回の失敗になります。その場で契約が成立、などということは、まずありませんから。そうすると、営業担当者のモチベーションは下がり、パチンコや喫茶店で時間をつぶしてしまいますよね？

ところが、案内やチラシの配布に１００軒行くとしたら、ずいぶん話は違ってきます。例えば「レジの横にパンフレット置いてきて」というのをゴールにしたら、１００軒行って、１００回の成功になるかもしれません。この差は、大きいです。なぜなら、営業担当者のモチベーションが維持されるからです。

お客様から見たら、明るくて、モチベーションの高い担当者がきた方が好印象であり、レスポンスもあがります。

活動内容は、ハタから見たらまったく変わらないのに、ゴールが違うのです。しくみは一緒。飛び込みで行って、パンフレットを置いてくるというしくみは同じなのだけれど、ゴールが違う。ゴールとしくみの違い、わかりますか。

チラシの場合は、ゴールはあくまでも集客をすることです。なのに、多くの業者が、ポスティングをはき違えています。ポストに入れてくることが、ゴールなのではありません。ポストに入れるというのは、あくまでもしくみ。方法にすぎないのです。

ほとんどのポスティング会社は、ひたすらポストに入れてくるだけ。怒られないように、チラシお断りのマンションには、チラシを入れないようにする、ということは守られてきていますが…。それだけです。

私の会社では、反響をだすことがゴールなので、チラシを表向きに入れたり、住民に挨拶に行ったりします。今は全員が名札を付けて、名刺を持って、ユニフォームを着てポスティングをします。スタッフは皆、クライアントに対する好意的な評価を集めることや、集客することがゴールということをわかってポスティングをしています。

でも現場目線に立って、そういうことを教育しているポスティングの会社というのは、実際は、ほとんどありません。

BE Messenger社のユニフォーム。チラシを配るその人自身も含めてのプロモーションという考え方から、ポスティングスタッフは名札を付けて、名刺を持って、ユニフォームを着てポスティングをする。

プロモーション活動というのは、チラシを配るその人自身も含めてのプロモーションなのです。

そして、最大の広告媒体はその人間だということ。チラシに掲載できる情報量には限りがありますが、インターネットにはたくさんの情報を出すことができます。

でも、人は相手の状況に合わせて、コミュニケーションの内容も情報量も変えられます。だから、「人間を超える最強の広告媒体はない」と、私は思っています。

終章

自宅ガレージから
始められる
ポスティング事業

感謝であふれる〈THANKS PORT〉

ここまで読んでいただいて、チラシというものの魅力やパワーが、ますます気になってきたという方もいらっしゃるのではないでしょうか？

そう、古いけれど新しい。アナログだけどデジタル。控えめなのにいつの間にか、初めてのお宅にもスーッと上がり込める人懐っこさ?!　そんな紙媒体であるチラシは、たくさんの人に役立つ情報、ホットな話題、また人々の思いやストーリーさえも織り込みながら届けられ、人の手へと渡ってつながっていきます。

紙媒体の衰退が取り沙汰される昨今でも、ポスティング事業は30年連続で、毎年5～20％の成長を続けています。

ネットとの連携で、さらに可能性が広がるポスティングで、あなたの会社の可能性も大きく広げてみませんか。

私が17年間の業界経験で培ったポスティング事業構築の成功ノウハウをもとに、フランチャイズ事業を展開しています。

単なる事業パッケージの提供だけにとどまらず、私自身が蓄積してきた経営ノウハウを加盟店に提供することで、着実な業績向上を支援しています。

このフランチャイズ事業の屋号は「THANKS PORT」。〝感謝であふれるターミナルになる〟という意味を込めて名付けました。

ちなみに、ロゴはカモメ。カモメは「自由、きずな、独立」という意味があり、まさに、フランチャイズにはぴったりだろうと自画自賛しています。

BE
Messenger

BE Messenger社のロゴはカモメ。カモメは「自由、きずな、独立」という意味がある。BE Messenger社が展開しているフランチャイズ事業にぴったりだと考えた。

寒いところ、暑いところ…世界中にカモメはいます。環境変化にも強くて、適応力があるといわれているカモメのように、ポスティング業界をスイスイと、そしてたくましく渡り、成長していっていただきたい。

小スペース、少人数から始められるポスティングに参入したい。既存の経営資源を生かして新規事業に取り組みたい。自社完結のＢｔｏＣの集客事業をもちたい…そんな興味のある方は、お気軽にお問合せください

また、人と人とをつなげるポスティング業界を一緒に盛り上げてくれる店長候補も同時に募集しています。

すぐにスタートできる開業支援のしくみ

出店までの大まかなスケジュールとしては、３〜４か月前の申し込み、本契約から、２か月前には店舗物件の契約や店長の採用、必要な物品の手配、１か月前

に店長の研修がスタートして、開店・本格始動の秒読みに入ります。

ＦＣの本部からは、出店戦略、商品戦略、集客サポートはもちろんのこと、ビジネスが軌道に乗り、収益化するための徹底的なサポート体制を用意してありますから、安心してスタートを切ることができます。

特に、本部からの案件の供給を受けられることは、始動して間もない不安定な時期には、大きな力になるのではないかと思っています。

また、ときに店舗物件を探したり、店長を紹介したりということのお手伝いをすることも。本部スタッフも、熱が入りすぎるあまりに、それこそ手取り足取りの熱い指導が繰り広げられることもあります。

自社の広告に関しても、クライアント案件と同時配布をすることで、外部に依頼する場合に比べて、広告宣伝費が80％コストダウンできます。これは、ポスティングのスタッフ募集にも活用できます。

特に、これまでも宣伝にポスティングを行っていた会社、例えば不動産業、買取り系、通信系などでしたら、ポスティングを内製化することが可能です。外部に依頼しているのなら、自分たちでやった方がコストダウンになりますし、新たな事業で利益が上がることが見込まれます。

一方、既存の経営資源を活かして新規事業を行いたいという企業、特に軽貨物便、バイク便、広告業などでしたら、よりスピード感をもってチャレンジしていただけると思います。

すでにインフラが整っているので、立ち上がりが早い、という強みがあります。これに対して前者の内製化パターンでは、売上が上がるのがより早くなります。

既存の資源を活かすなら、20平米のスペースから、売上の構築が可能です。

店長に求められる能力は、一般的な事務、マネジメントのため、幅広い人員を転用することも可能。半年以内には、業務習得ができます。

フランチャイズとして、すでにスタートを切っているのは、都内で14店舗。お問合せ、お申込みもたくさんいただいていて、現在20店舗が開業待機中です。全78店舗で予定のエリアは網羅できる予定ですので、まだまだお申込みいただけます。

これが、成功するモデルケース

THANKS PORTフランチャイズ本部のマニュアルにある、モデルケースを参考までにご紹介します。

〈店舗スペース〉

・50平米（35〜70平米）くらいの広さ。
・家賃　月額17万円以下。
・1階で、段差がない入り口。扉の幅は90㎝以上。

・店頭に車1・5台分以上の駐車スペースがあること。
・2t車が搬入できる接道がある。
・居抜きオフィス物件が望ましい。

駅から徒歩10分程度のところにあることが望ましく、駅前は避けること。店舗への車両の出入りが多いため、人通りの多いところだと迷惑になります。駅からは少し離れているくらいが家賃も安いし、周辺も混雑していないのでよいでしょう。

〈店舗内〉
・店長　1名
・配布員　40名（1日の平均出勤者は約15名）
・機材・備品等…PC、複合機等、棚、カゴ台車等
バイク1台、自転車5台

配布員40名は、支社で行っている求人チラシ（B5、白黒、ヨコ）の配り方で、集めることができます。（800枚で1名の採用が可能）

18時には必ず閉店して、待機残業をなくすように徹底。それまでに配布員が戻れなかった場合には、チラシをボックスに戻すようにしてもらいます。

朝から配布をしたい場合には、このボックスから持って行ってもらう、というやり方に統一します。（カゴ台車なども効率的に作業を行うためのノウハウの一部になります）

だから、うまくいく！ BE Messengerの強みで後押し

ポスティングを進めていく上で、想像以上に厄介なのがクレーム処理といえま

す。現場の配布スタッフはもちろん、店長、経営者、クライアントまで巻き込んで対応に追われる場合もあります。作業の効率化どころか、業務は停滞して売上ダウンにもつながりかねません。

ポスティングのクレームの大部分は、「投函お断り」のところへ入れた、入れていないというもの。ポスティングに参入したばかりの会社では、この〝入れてはいけないところには入れない〟配布は、非常に困難です。スムースなポスティングにとって、かなり高い障壁になっているといえるでしょう。

3章でもお話ししましたが、当社には、業界と共に作り上げた、8万5千件の「投函禁止リスト」があります。これを共有することで、「誤って投函したことによるクレーム」は回避されます。このリストの成果は大きく、当社のクレーム率は0・0003%、チラシ30万枚に1件以下という数字がリストの確実性を示しています。

また、クレームを回避するためのノウハウ、例えば、住民の方々からの信頼をより得やすくするためのマナー、ユニフォーム、名刺などに関しても適切なアドバイスも行っています。

さらには、マンションごとのセグメント、業態やターゲットに合わせたチラシの作り方、ポスティングのタイミング…等々、狙いをつけたターゲットへ、最適な広告を、精度高く配布するために、これまで培ってきたノウハウを余すところなく提供。加盟店の着実な業績向上を支援していきます。

ですから、ポスティングは初めてという方にも、安心して参入していただけます。

ＦＣに加盟されると、初期投資として、加盟金プラス出店サポート、システム導入費用として、約３５０万円必要です。また、備品等に１４０万円ほどかかります。

モデルケースの年間売上５０００万円、年間利益５００万円となっていて、黒字化まで半年。1年半ほどで投資回収が可能です。

●初期投資
加盟金　300万円
出店サポート・店長研修・システム導入　50万円

●ランニング支出　システム等　13万円

●ビジネススケール
(月間)
月間売上　400万円
変動費(配布人件費)　220万円
固定費(家賃等)　140万円
利益　40万円　(利益率　10%)

（年間）
単月黒字化　約6か月
投資回収　約1年半

必要な情報を、本当に必要な人のもとに届けるために

今のところ、開業待ちの加盟店さんは、すべて法人格で、事業経験があるところだけです。低価格ではありますが、加盟金に加えて半年間の赤字期間などもあるため、それなりの予算が必要です。

今はどんどん店舗を増やしていって、国内に370か所の配達所を作りたいと思っています。それは、情報弱者をなくしたいからです。

情報が届かないことによって、問題、悩み、困難などに陥っている人がいる。例えば、補助金や助成金の情報が、本当に必要な人のもとに届いていないこともあります。お祭りや町おこしの情報でも、「まったく知らない」、「気づかなかった」などということで、コミュニティーに入っていけないこともあります。

少しでも暮らしを豊かにする情報を本当に必要としている人々にお届けしたい。情報弱者をなくすために、ポスティングで情報インフラを作っています。全国370か所、1週間で隅々にまで情報をお届けできる体制を構築中、ということです。

そして、情報伝達の力で、不動産やさまざまな商品、サービスを流通させ、町の景観を変えるほどの力をもって、そして世界へ羽ばたいていく。それが、私のビジョンです。

集客マーケティングのコンサルティング機能をもった唯一のポスティング会社として、加盟店をフォローしながら、スピード展開を図って業界シェアを取り、そして海外へ。

計画はどんどんふくらんで、私自身、いっそう前のめりになっているのを感じています。

おわりに

～60回以上転職をした私が伝えたいこと～一生懸命生きようよ！

「ちょっと仕事があるから…」

そう言って友だちからの誘いを断り、中古ゲームショップへ。安く買ったテレビゲームソフトを別の店で少し高く販売する…。店によって価格が違うことを知ってから、こんな風に小遣いを稼いでいたのは、小学2年生のことです。

大学時代には、携帯電話を1日で50台販売。月収200万円を稼いでいました。当時は、1杯12万円のワインを普通に飲んでいましたから…。本当に鼻持ちならないヤツだったと思います。

親が事業に失敗して破産、兄姉も病や事故など立て続けに災難に襲われたのは、ちょうどその頃です。

「一緒に死んでおくれ」

思いつめた母親がテーブルの上にナイフを置いて、そう迫ってきました。私は、生まれて初めて母親を叩いていました。

「ダメだよ、強く生きるんだ！」

この後、大学をやめた私は、思いつく仕事は何でもやってきました。

引越し、リフォーム、現金輸送、コンビニ、ネットワーク工事、システムヘルプデスク、OA機器修理、飲食店、ホテル、ソムリエ、利酒師、結婚式場、宮内庁、遊園地…等々。
起業を含めて60回以上の転職を経験してきました。ありとあらゆる仕事を経験して行き着いたのは――。

「仕事とは、誰かの何かの役に立つこと」

何でもいい。役に立たない仕事なんかない。とにかく一生懸命働いて、稼いで使って、一生懸命生きていけば、お互いが相互作用をして、生存の助長、誰かの助けになっていくのだと…。
そして、28歳のとき、広告・ポスティングに出会ったのです。

「人々を広告の力で、方向づけていく」

そんな思いに夢中になって以来、まったくブレることはなくなりました。

広告の力で、社会を変えたい。ずっとそう考えながら、今日まで走っています。

例えば、洗濯洗剤のCMを男性がやっていたら、気がつけば、男性が洗濯するのが当たり前になっていた…というように。そんな広告の力で、飢餓も、武器も、戦争も、暴力もない、すべての生命が調和する時代を作りたい。

とてつもなく大きな夢のように聞こえるでしょうか。でも、そのための情報インフラ作りをずっと続けています。諦めの悪さは、私の身上ですから?!

どんな困難があっても、必ず突破できます！　諦めてはいけません。だから、しっかり仕事をしましょう。そして、一生懸命生きていこうよ。

湯本厚志（ゆもと あつし）

株式会社 BE Messenger 代表取締役社長
1977 年 5 月 29 日東京都台東区東上野生まれ。 人生初の商売経験は小学 2 年生の時の、中古テレビゲームソフト売買。1995 年 4 月大東文化大学経営学科入学。同大学在学中、各学部に携帯電話代理店網を構築。卒業後は引越し・リフォーム・現金輸送・コンビニ・ネットワーク工事・システムヘルプデスク・OA 機器修理・飲食店（和・洋・中）・ホテル・ソムリエ・利酒師・結婚式場・宮内庁・遊園地など、起業を含む計 60 回以上の転職を経験。 2022 年 4 月に株式会社 BE Messenger を創業。17 年間培ったポスティング事業構築の成功ノウハウを元に FC 事業を展開。単なる事業パッケージの提供だけに留まらず、自身の蓄積した経営ノウハウを加盟店に提供することで着実な業績向上を支援している。 人生における究極の目標は「武器、暴力、飢餓、薬物汚染、環境汚染がない世界の構築。広告の力によって常識を変え、地域社会の暮らしを豊かにすること」。

その手《て》があったか！　ポスティング大全《たいぜん》

2024年3月21日　初版第1刷

著者　湯《ゆ》本《もと》厚《あつ》志《し》

発行人　松崎義行

発行　みらいパブリッシング

〒166-0003 東京都杉並区高円寺南4-26-12 福丸ビル6F

TEL 03-5913-8611　FAX 03-5913-8011

https://miraipub.jp　mail：info@miraipub.jp

企画協力　Jディスカヴァー

編集　田中むつみ

ブックデザイン　則武 弥（paperback Inc.）

発売　星雲社（共同出版社・流通責任出版社）

〒112-0005 東京都文京区水道 1-3-30

TEL 03-3868-3275　FAX 03-3868-6588

印刷・製本　株式会社上野印刷所

©Atsushi Yumoto 2024 Printed in Japan

ISBN978-4-434-33548-8 C0063